학교폭력
부모 바이블
I

학교폭력
부모 바이블 I

ⓒ 이해준, 2023

초판 1쇄 발행 2023년 3월 20일

지은이   이해준
펴낸이   이해준
편집   좋은땅 편집팀, 이태리
펴낸곳   도서출판 바다사이
주소   경기도 성남시 분당구 성남대로51 포스빌 276호
전화   1599-9093
팩스   0504-201-4902
이메일   someofsea@naver.com
홈페이지 blog.naver.com/someofsea

ISBN   979-11-982467-0-7 (03300)

· 피해 부모이자, 이해준학교폭력연구소장이 모든 부모들에게 전하는 지침서 ·

학교폭력 부모 바이블
I

이해준 저

"너희들을 기록하고, 기억하고, 지켜볼 것이다."

도서출판
붓도소이

/

여러분들의 자녀가
우리들의 자녀입니다

저는 점점 확대되어 가고 있는 학교폭력이라는 사회적인 문제에 대해 고민하고 해결 방안을 찾으며 학교폭력 피해를 극복한 평범한 가장으로 기억되고 싶습니다.

그래서 앞으로도 지속적으로 학교폭력과 관련된 책을 출간할 계획을 가지고 있습니다.

《학교폭력 부모 바이블 Ⅰ》은 가정 내에서 부모의 역할과 현실에서의 학교폭력을 각각의 상담 사례를 통하여 그려 내고 있으며, 시리즈로 출간할 예정입니다.

기존에 나와 있는 대부분의 학교폭력 관련 책들은 학교폭력 대응의 본질이 '절차'라고 강조합니다.

그러다 보니 부모들에게 학교폭력 절차에 대해서만 이야기합니다. 하지만 그러한 절차들은 인터넷을 검색하면 쉽게 얻을 수 있는 정보들입니다.

학교폭력에서 중요한 것은 학교폭력의 절차가 아니라 대응과정에서 부모의 역할과 자녀와의 유대 관계입니다.

정보와 지식은 구분되어야 합니다.

적어도 전문가라면 정보와 지식이 결합되어 지식의 폭을 확장할 수 있어야 하고, 문제의 본질을 꿰뚫어야 합니다.

그러나 대부분의 학교폭력 전문가라고 일컬어지는 분들은 정보의 취득을 차별화된 자신들만의 지식으로 인식합니다.

그럴 경우에는 현실에서 외면당하기 쉽습니다.

저는 앞으로도 학교폭력이라는 가정의 위기를 겪은 분들에게 부모의 역할에 대해서 더 강조할 것이고, 상처를 어떻게 극복해야 하는지, 자녀와의 유대관계를 어떻게 회복해야 하는지, 그동안의 양육 방식에서의 문제점은 없었는지 등 가정 내 전반의 문제에 대해서 과감히 이야기하고, 부모들이 변화하도록 노력할 것입니다.

세상은 전문가들이 만들어 가는 것이 아니라 깨어 있는 시민들이 하나둘씩 만들어 가는 것입니다.

각 분야에서 저와 같은 사람들이 더 많아진다면, 우리 사회는 더 건강하게 발전할 것입니다.

전문가라는 타이틀을 내세우기보다 자신의 경험을 발판 삼아 지식을 확대하고, 정립하고, 대안을 수립하여 선의의 마음으로 공유한다면 그것만큼 의미 있는 사회적 역할은 없을 것입니다.

세상이 어지럽고 나라가 위기에 마주칠 때마다 늘 그 위기에 대응하여 극복했던 사람들은 민초(民草)들이었습니다.

그들은 개인의 사적 이익보다 공동의 이익에 부합했던 사람들입니다. 우리의 역사는 그렇게 흘러왔고 앞으로도 그렇게 흘러갈 것입니다.

그래서 깨어 있는 시민들의 역할이 점점 더 중요한 시대입니다. 여러분들이 각 분야에서 깨어 있는 시민이 되어 주십시오.

우리 자녀들을 위해서, 더 나은 세상을 위해서 말입니다.

[이해준학교폭력연구소는 앞으로도 학교폭력이라는 사회적인 문제에 대해 더 치열하게 고민할 것이고, 학교폭력으로 상처 입은 우리 자녀들이 다시 평범한 일상으로 복귀할 수 있도록 미약하나마 최선을 다하겠습니다.

"여러분들의 자녀가 우리들의 자녀입니다."

2022년 12월 이해준

추천사

모든 부모들의 필독서
《학교폭력 부모 바이블 Ⅰ》

중학생 딸의 학교폭력이 발생한 지도 벌써 1년이 지났습니다. 저희 딸은 다른 또래의 아이들보다는 조금 느린 아이였지만, 누구보다 착한 성품을 가진 예쁜 딸이었습니다.

그러던 딸이 학교에서 또래 아이들에게 놀림을 받고 학교폭력을 당했다는 사실을 알고, 부모로서 치밀어 오르는 분노를 주체할 수 없었습니다.

누구에게도 이야기할 수 없었던 딸의 학교폭력 사실을 이해준 소장님과 이야기하면서 인연은 시작되었습니다.

딸의 학교폭력 사안은 회사의 고문 변호사에게 조력을 받았지만, 결론적으로 저는 변호사보다 이해준 소장님에게 더 많은 도움을 받았습니다.

학교폭력 피해 부모들의 대부분은 학교폭력이라는 사회적 문제의 심각성을 절감하면서도 자신의 자녀와 상관없는 일이라고 치부합니다.

그러다가 막상 자신의 자녀가 학교폭력의 피해 학생이 되면 부모들은 모두 망연자실하고, 어디서부터 어떻게 해야 할지 모릅니다.

이해준 소장님은 학교폭력 처리절차 외에도 부모의 역할을 끊임없이 강조했습니다.

어쩌면 딸의 학교폭력 사건 이후 1년이 지난 지금, 딸과의 유대 관계가 더 깊어진 이유는 그동안 꾸준히 조언해 주신 이해준 소장님 덕분이라고 생각합니다.

우리 자녀가 언제든지 학교폭력의 피·가해 학생이 될 수 있습니다. 더 이상 학교폭력은 남의 일이 아닙니다.

부디, 이 책이 자녀를 키우는 모든 부모들에게 필독서가 되어 우리 자녀들이 더 이상 상처 받지 않기를 바랍니다.

끝으로 학교폭력 피해 가족들의 상처를 위로해 주고 있는 [이해준 학교폭력연구소]의 무궁한 발전을 기원합니다.

감사합니다.

2022년 12월 학교폭력 피해 자녀의 아빠, 김상연

피해 부모들에게
희망과 깊은 울림이 되길

아들의 학교폭력 소식을 전해 듣고, 하늘이 무너지는 느낌이었습니다. 그러다가 가슴이 두근거리고 눈물이 나기 시작했습니다. 얼마나 힘들었을까? 혼자 얼마나 무서웠을까…….

학교를 찾아가 선생님들과 이야기를 해 봐도, 변호사를 찾아가도 그분들은 모두 똑같은 이야기들만 했습니다.

그러던 어느 날 우연히 인터넷 검색을 하다가 이해준 소장님을 알게 되었고, 소장님과의 통화 후 저는 깊은 깨달음을 얻었습니다.

아들에게 일어난 학교폭력은 다른 사람이 아닌 부모가 직접 마주해야 한다는 사실을 말입니다.

아들의 학교폭력 사건은 저희 가족에게는 지옥 같은 시간이었습니다.

그러나 이해준 소장님과의 지속적인 상담은 부모의 역할에 대해서, 내 아이가 상처를 치유하기 위해서 무엇을 해야 하는지 부모로서 고민할 수 있는 계기가 되었습니다.

저희 가족은 학교폭력으로 인해 상처 받은 시간보다 극복해 나가는 시간이 너무 소중했었기에 사춘기인 아들과는 예전보다 더 깊은 유대관계로 행복하게 지내고 있으며, 아들 또한 현재의 학교생활에 만족해하고 있습니다.

지나고 보면 아들의 학교폭력 사건은 우리 가족을 더 단단하게 만들어 주었고, 서로를 더 이해할 수 있었던 계기가 되지 않았나 생각해 봅니다.

부디 저희 같은 피해 가족들이 학교폭력이라는 가정의 위기를 슬기롭게 극복하여 더 행복해지기를 기원하며,《학교폭력 부모 바이블 Ⅰ》이 모든 부모들에게 희망과 깊은 울림을 주어 저희 같은 피해 가족이 다시는 상처 받지 않기를 바랍니다.

2022년 12월 학교폭력 피해 자녀의 엄마, 송혜령

행복한 학교가 되기 위한 밑거름
《학교폭력 부모 바이블 Ⅰ》

학교폭력은 근절되어야 합니다. 학교 구성원인 학생, 교사, 학부모는 대부분 저와 같은 생각일 것입니다.

학교는 아이들이 자신의 의사 표현을 또렷하게 표현하여 의견을 공유할 수 있는 장(場)이 되어야 합니다.

이곳에서 학생들은 이해와 공감을 바탕으로 기쁜 일에는 축하를 해주고, 슬픈 일은 서로 위로해 주며 갈등이 생기면 서로 건설적으로 의견을 나누는 환경이 되어 성숙한 민주 시민으로 거듭나야 한다고 늘 생각합니다.

하지만 요즘 학교는 그렇지 않습니다. 바쁘게 돌아가는 세상 속에서 우리는 중요한 무언가를 잊고 살아갑니다.

연대, 유대, 동정 등 더불어 살며 서로를 이롭게 만드는 가치를 잊어버린 채 서로 경쟁하는 시스템을 만들고, 암묵적으로 시기와 질투를 종용하여 이것이 학교폭력으로까지 확대되고 있습니다.

한창 사랑받고 사랑을 주어야 할 아이들과 학부모들은 수많은 학교폭력과 공정하지 못한 사안 처리로 몸과 마음에 멍이 들어갑니다.

게다가 변호사 출신 학교폭력 전문 강사가 교육청 연수에서 현재 학교폭력의 세대를 '학교폭력 시장'이라고 말할 정도로 학교폭력 사안은 이미 무엇이 중요한지 모를 정도로 많이 변질되어 가고 있습니다.

교사들이 기피하는 보직인 학생부장을 맡으며 교직 사회의 어두운 면을 보게 됩니다.

기계적인 중립이라는 미명하에 '사안 처리'에만 목적을 두는 관리자, 떠넘기기에 급급한 담임교사, 원만한 사안 처리가 아닌 사건 접수를 하는 듯한 경찰 등……. 이런 상황 속에서 피해 학생과 학생 가족의 입장은 도대체 어디에 있습니까? 우리는 다시 한번 대오각성 하여 학교폭력을 대하는 태도부터 바꾸어야 합니다.

우리 교사들의 역할이 막중합니다. 적극적인 자세로 공정하고 객관적으로 학교폭력 사안 처리를 위해 최선을 다해야 합니다. 무엇보다도 학생과 학부모의 상황, 심정에 대한 이해와 공감을 바탕으로 신뢰를 형성해야 합니다.

교사의 입장에서 이 책을 읽고 학교폭력 앞에서 정말 솔직하게 저 자신을 돌아볼 수 있었습니다.

학교 현장에서 학생들과 함께 어울리며 생활을 하는 교사보다도 학교폭력을 겪어 본 관련 학부모들이 학교폭력 사안 처리 흐름에 대해 더 잘 알고 있다는 사실이 너무도 부끄러웠습니다.

이 책은 학교폭력에 대한 인식을 제고하고, 수많은 학교폭력 사안 처리 사례들 속에서 교사들이 자행해 왔던 관습적 업무 처리, 학교폭력 관련 학생들의 입장을 고려하지 않아 왔던 미숙하고 부끄러운 부분들을 여과 없이 꼬집어 줍니다.

그리고 앞으로 교사들이 어떻게 아이들과 학부모를 대해야 할지 방향타를 제시합니다.

《학교폭력 부모 바이블 Ⅰ》은 학교 환경을 구성하는 '학생', '교사', '학부모'에게 널리 읽혀 학교폭력을 근절하는 데 밑거름이 될 것이라 확신합니다.

언젠가 학교폭력이 없는 모두가 행복한 학교가 되기를 간절히 바랍니다.

2022년 12월 무주고등학교 학생부장 정영수

프롤로그

"아들의 학교폭력 사건이 가져온
우리 가정의 변화"

"지금은 지옥 같은 시간일 것입니다. 그러나 이 시간을 슬기롭게 잘 극복하고 나면, 가정에는 더 큰 행복이 찾아올 것입니다. 제가 그랬습니다. 제 말을 한번 믿어 보세요."

학교폭력 피해 어머니들은 대부분 심한 우울증으로 하루하루 버티다가 저에게 상담을 요청합니다.

이 이야기는 대략적인 내용을 듣고 나서 제가 피해 부모들에게 가장 먼저 하는 말이기도 합니다.

그러나 그 당시 피해 부모들은 저의 말을 믿지 못합니다.

지금의 시간이 너무나 고통스럽기 때문입니다.

2020년도 아들의 학교폭력 사건은 단란하고 행복했던 우리 가정을 일순간에 지옥으로 밀어 넣었습니다.

늘 밝고 활기차던 아들은 방 안에서 한동안 나오지 않았고, 와이프의 지병은 극심한 스트레스로 인해 악화되었으며, 초등학생 딸은 집안의 무거운 분위기를 감지하고 혼자 조용히 눈치만 보았습니다.

저 또한 진행하던 후불제 장례 사업의 어려움으로 경제적 위기에 봉착하던 시기였기 때문에 아들의 학교폭력 사건은 가장으로서 깊은 자괴감에 빠져들게 했습니다.

그때의 감정들은 《아빠가 되어줄게》라는 책에 고스란히 담겨져 있습니다.

더욱이 1,000만 원에 달하는 학교폭력 변호사 선임 비용은 저에게는 충격 그 자체였고, 제 자신에 대한 무기력만 가중되던 시기였습니다.

경제적인 이유 때문에 아들의 학교폭력 사건을 직접 마주할 수밖에 없었던 현실이 그 당시에는 원망스럽기도 했지만 돌이켜 보면 그 선택은 신의 한 수였던 것 같습니다.

그렇게 힘든 시간을 함께 보내고 나서 실제로 현재 우리 가족은 더 행복하게 살아가고 있습니다.

저는 아들의 학교폭력 사건을 겪으면서 기록했던 내용들을 모아 2021년도에 《아빠가 되어줄게》라는 책을 출간하였고, 더 이상 저와 같은 학교폭력 피해 가족들이 나오지 않기를 바라는 마음에서 시작한 [이해준학교폭력연구소]는 지난 1년여 간 수백여 건의 상담을 진행하면서 학교폭력 피해 가족들과 이야기를 나누고 해결책을 제시했습니다.

또한 공중파 방송을 비롯하여 여러 유튜브 채널에 출연해 학교폭력에 대한 경각심을 부모들에게 알려주고 있습니다.

아들은 고등학교에 입학하여 삶의 주체가 오로지 본인이라는 것을 깨닫고 한층 더 성숙해지고 있으며, 민주 시민의 소양을 하나둘씩 쌓아 가고 있습니다.

와이프 또한 오랜 치료 끝에 건강을 많이 회복하게 되었고, 한층 더 가족에게 집중하며 헌신하고 있습니다.

딸 또한 특유의 밝은 에너지로 예쁘게 자라고 있습니다.

물론 경제적인 어려움이 나아지진 않았지만 가족 모두 그 어느 때보다 행복하게 삶을 영위하고 있습니다.

결과적으로 학교폭력이라는 사건은 우리 가족에게 위기 속에서 가족의 신뢰를 확인하고, 아픈 만큼 성장하는 계기가 되었습니다.

지금도 지옥 같은 시간을 겪고 있는 학교폭력 피해 가족들에게 감히 말씀드립니다.

지금의 위기를 잘 극복하고 나면 여러분들에게도 더 큰 행복이 찾아올 것입니다.

저희 가정처럼 말입니다.

목차

인사말 · 005

추천사 · 008

프롤로그 · 015

Ⅰ. 학교폭력 부모 바이블

1. 리암 니슨 vs 톰 크루즈 · 024

2. Change is Chance · 028

3. 경험하지 못한 사람들의 감정적인 조언들 · 031

4. 학교폭력 신고는 112? · 040

5. 학교폭력 변호사 vs 학교폭력 행정사 · 043

6. 발생된 학교폭력의 자기 객관화 · 050

7. 부모가 피해 자녀에게 해서는 안 될 말 & 해야 될 말 · 054

8. 초등학교에서 발생되는 학교폭력 부모 대응 방식 · 062

9. 중·고등학교에서 발생되는 학교폭력 부모 대응 방식 · 069

10. 학교폭력 유형별 부모 대응 방식 · 073

11. 학교폭력 증거 수집 방법 · 085

12. 학교폭력대책심의위원회 참석 안내문이 중요한 이유 · 092

13. 기회는 단 한 번 · 096

14. 거짓으로 얼룩진 그들의 향연 · 102

15. 믿을 수 없는 학폭위 결정, 불복할까? · 106

16. 뻔뻔해질 필요가 있다 · 110

17. '사과'의 기술 · 116

II. 현실에서의 학교폭력

1. 피해 부모가 대응하지 못하면 벌어지는 일 · 122

   (feat. 자책감, 무기력, 그리고 우울감)

2. 어느 학교폭력대책심의위원회 심의 위원과의 상담 · 127

   (feat. 학폭위의 현실)

3. 일부 학교폭력 피해 부모들에게 일침 · 132

   (feat. 그들의 착각)

4. 학교폭력 가해 학생에게 조치 없음이 나오는 이유 · 141

   (feat. 전략의 부재)

5. 피해 자녀가 학폭위에 참석해야 하는 이유 · 147

   (feat. 대한민국은 민주공화국)

6. 피를 말리는 학교폭력대책심의위원회 결과 · 151

   (feat. 어쩔 수 없는 감정이입)

7. 합리적인 추론으로 논리를 만들고 설득하다 · 158

   (feat. 논리의 중요성)

8. 학교폭력에서 정당방위가 인정될까? · 163

   (feat. 씁쓸한 현실)

9. 학교폭력 2차 가해 학생의 결말 · 168

   (feat. 초범과 재범의 차이)

10. 성 관련 학교폭력을 바라보는 단상 · 175

    (feat. 중·고등 자녀를 둔 부모 필독)

11. 성 관련 학교폭력 가해 학생을 도운 이유 · 181

    (feat. '조치 없음')

12. 주워 담을 수 없는 말의 대가 · 189

    (feat. 무죄 추정의 원칙)

13. 모두 다 알아서 해 줄 것이라는 착각 · 195

    (feat. 학교폭력 변호사)

14. 21세기에 벌어지는 마녀사냥 · 203

    (feat. 집단으로 자행되는 폭력의 크기)

15. 포켓몬의 저주 · 207

    (feat. 바늘 도둑이 소도둑 된다)

16. 엄마들의 이간질, 험담 그리고 따돌림 · 213

    (feat. 불가근불가원_不可近不可遠)

17. 학교를 믿은 대가 · 219

    (feat. 불길한 징조)

Ⅲ. 당부의 이야기

1. 학교폭력 피해 자녀가 장남(장녀)일 경우 · 228

2. 학교폭력 피해 자녀가 외동일 경우 · 232

3. 초등 자녀를 둔 부모들에게 · 235

4. 중등 자녀를 둔 부모들에게 · 240

5. 고등 자녀를 둔 부모들에게 · 245

에필로그 "너희들을 기록하고, 기억하고, 지켜볼 것이다." · 251

I

학교폭력 부모 바이블

"작년에 발생한 딸의 학교폭력 사건 처리를 회사의 고문 변호사를 통해 진행하였습니다. 사건을 처리하면서 저는 변호사의 법률적인 조언보다 소장님의 가정 내에서 부모의 역할에 대한 이야기, 학교폭력을 당한 자녀의 상처 치유에 대한 이야기들에 더 많은 도움을 받았습니다. 소장님의 말씀은 제가 미처 생각하지 못한 부분들이었습니다."

(서울, 중학교 2학년 여학생의 아버님)

1:

리암 니슨 vs 톰 크루즈

2년 전 아들이 중학교 3학년 선배들에게 폭행당하는 영상을 제 눈으로 직접 확인하고 나서 한동안 심각한 트라우마에 시달렸었습니다.

잠을 제대로 잘 수도 없었고, 끓어오르는 분노로 감정을 절제하기가 힘들었습니다. 진료를 했던 정신과 의사는 저에게 절대 운전을 하면 안 된다고 특단의 조치를 내렸을 정도였으니까요. 그 당시의 심정은《아빠가 되어줄게》라는 책에 자세히 나와 있습니다.

리암 니슨이 주연한 〈테이큰〉이라는 영화는 B급 액션 영화임에도 불구하고 국내에서 흥행을 했고, 그러한 흥행을 발판 삼아 세 편의 시리즈물로 개봉되었습니다.

〈테이큰〉이라는 영화는 단순히 영화적 시나리오보다는 중년의 남자가 자신의 가족을 보호하기 위해서 고군분투하는 모습과 여러 명의 악당들을 처리하는 장면에서 저와 같은 남자들에게 새로운 카타르시스를 준 것이 아닌가 생각합니다.

저도 그랬습니다. 아들의 폭행 영상을 보고 나서 법률적인 절차보다는 자력구제를 해야겠다는 생각이 더 강했었고, 더욱이 아직까지는 충분히 2~3명의 성인 남자를 제압할 수 있는 피지컬을 보유했다고 자신했기 때문에 저는 한동안 고민했었습니다.

법보다 주먹으로 자력구제를 해야겠다고 말입니다.

그러나 아들의 폭행 영상에 대한 트라우마는 생각처럼 오래가지 않았습니다.

물론 한동안 잠을 이루지 못하고 치밀어 오르는 분노가 반복되었지만, 이상하게도 저는 냉철하게 변했습니다.

지금의 이 상황을 가장 슬기롭게 극복하는 방법이 무엇인지에 더 집중했습니다.

자력구제는 제 감정과 분노에 대한 일시적인 해소는 될 수 있겠지만, 그 가해 아이들을 똑같이 물리적인 방법으로 보복한다 하여도 현실적인 상처 극복에는 큰 도움이 되지 않을 것이라 판단했습니다.

그러면서 생각한 것이 더 냉철하게, 더 합리적으로, 더 이성적으로 그들을 괴롭힐 수 있는 방법을 찾았던 것입니다.

1992년에 개봉한 〈어퓨굿맨〉이라는 영화를 기억하시는지요?

쿠바 관타나모 해병대 기지에서 한 명의 해병대원이 2명의 선임 해병대원에게 괴롭힘을 당하였고, 결국에는 사망하는 사건이 일어납니다.

이 사건을 조사하기 위하여 해병대 법무관들(톰 크루즈, 데미 무어)이 사건의 실체를 밝히는 과정을 담은 영화입니다. 여기에서 매력적인 캐릭터는 톰 크루즈였습니다.

하버드 법대를 졸업한 엘리트 법관 출신이었고, 해병대의 암묵적인 전통이라 불리는 코드레드(집단 괴롭힘)를 밝혀내는 과정에서 그는 당시 해병대 대령(잭 니콜슨)의 지시를 재판 과정에서 밝혀냅니다.

이 영화는 배우들의 연기도 물론 좋았지만, 무엇보다 사건의 실체적 진실에 다가가는 방법이 참 흥미로웠습니다.

톰 크루즈는 재판 과정에서 합리적인 의심을 토대로 사건에 대한 반론을 통해 실체적 진실에 다가갔고, 잭 니콜슨의 성향을 분석하여 그가 스스로 진술할 수 있도록 환경을 제공함으로써 결국에는 통쾌하게 실체를 밝혀냅니다.

30여 년이 지난 지금도 가장 기억에 남는 장면은 해병대 대령이었던 잭 니콜슨이 스스로 자신이 직접 코드레드(집단 괴롭힘)를 지시했다는 대사를 한 장면이 아닐까 생각을 합니다.

학교폭력에 대한 글들이 맘 카페에 게재되면 대부분의 사람들은 자력구제를 해야 한다며 피해 부모들을 자극합니다.

물론 같은 부모로서 감정이입 되는 것은 충분히 이해되지만, 그러한 감정적인 이야기들은 피해 부모들에게 전혀 도움이 되지 않습니다.

우리의 사랑하는 자녀가 학교폭력으로 인해 상처를 받는다면 당연히 부모로서 감정적인 분노가 극에 달할 수밖에 없습니다. 분노는 표출하시되 그 기간이 오래가지 않았으면 좋겠습니다.

또한 그 분노가 충동적이지 않았으면 좋겠습니다.

우발적이고 감정적인 분노는 해결이 아닌 더 큰 상처로 다가올 수 있습니다.

자녀가 학교폭력을 당했을 때 부모들이 당장 해야 될 일은 자녀의 상처를 위로하고, 자녀가 상처에서 극복할 수 있도록 심리적 안정감을 주어야 합니다.

그리고 나서 해당 학교폭력 사안을 처리하는 데 있어서 가장 현명하고, 슬기로운 해결 방법이 무엇인지 생각해야 합니다.

여러분들이 〈테이큰〉의 리암 니슨보다 〈어퓨굿맨〉의 톰 크루즈가 되기를 바랍니다.

2 ✦

Change is Chance

우리는 살아오면서 숱한 삶의 위기와 역경을 마주합니다.

어쩌면 나이를 먹는다는 것은 단순히 '늙는다'는 의미가 아니라, 그만큼의 삶의 풍파를 견디며 쌓은 삶의 내력일 수도 있습니다.

학교폭력 피해 부모들과 상담을 하다 보면 학교폭력이라는 중차대한 가정의 위기를 마주하는 부모들의 자세가 일정 부분 전달이 되곤 합니다.

어떤 부모는 마주하는 현재의 위기를 회피하려고 하는 부모들도 있고, 어떤 부모는 자신이 마주하는 위기를 다른 이들에게 의존하려는 부모들도 있고, 어떤 부모는 현재의 위기를 명확히 인식하지 못하고, 감정적으로만 대처하려는 부모들이 있습니다.

[이해준학교폭력연구소]는 지속적으로 학교폭력에서 부모의 역할

을 강조하고 강조하지만, 피해 부모들 입장에서는 어디서부터 어떻게 해야 할지 엄두를 내지 못하는 경우가 대부분입니다.

피해 부모들이 발생된 학교폭력 사안에 대처하는 모습은 자신들이 살아온 삶의 내력과 직결되어 있습니다.

살아오면서 숱한 역경과 위기를 꿋꿋이 마주하며 이겨 낸 부모들은 현재의 위기를 슬기롭게 극복하기 위하여 고심할 것이고, 대체적으로 큰 어려움 없이 성장한 부모들은 현재의 위기에 망연자실할 것입니다.

자녀들이 현재의 위기를 어떻게 극복하는지 부모의 모습을 지켜보고 있습니다.

만약 부모가 현재의 위기를 슬기롭게 극복하려고 노력한다면 자녀들은 그러한 과정들을 습득할 것이고, 앞으로 마주하는 삶의 위기와 역경을 지금 부모의 모습을 통하여 극복하려고 노력할 것입니다.

반면에 부모가 현재의 위기에 무기력해진다면 자녀들은 앞으로 자신들에게 닥친 삶의 위기와 역경을 무기력하고 소극적으로 대처할 가능성이 높습니다.

회피하지 마시기 바랍니다. 누군가가 이 문제를 해결해 줄 것이라고 기대하지 마시기 바랍니다. 학교폭력이 발생되면 부모가 직접 고민하고, 슬기롭게 대처해야 합니다. 자녀의 상처를 어떻게 어루만져 줄 것인지, 자녀가 또 다른 상처를 받지 않도록 어떤 노력을 할 것인지, 자녀와의 유대 관계를 더 깊게 하기 위해서 부모가 무엇을 해야 하는지 고민해 보라는 의미입니다.

현재의 위기를 마주하는 부모의 모습은 앞으로 자녀들이 살아가면서 숱하게 마주해야 할 위기와 역경을 극복하는 지침서가 될 것입니다.

어쩌면 자녀들의 삶의 내력은 부모의 모습을 간접적으로 경험하면서 시작되는지도 모릅니다.

자녀들에게 롤-모델(Role-Model)이 되어 주어야 합니다.

지금 마주하는 가정의 위기는 더 큰 행복을 영위하기 위한 기회가 될 수 있습니다.

3 ✦

경험하지 못한 사람들의
감정적인 조언들

하루에도 수십 건씩 인터넷 맘카페를 중심으로 학교폭력에 대한 상담 게시글이 올라옵니다.

가끔 맘카페의 게시글을 볼 때면 상황의 심각성을 인지하면서도, 그 게시글에 남긴 댓글들을 볼 때마다 저도 모르게 한숨이 나올 때가 있습니다.

남의 일이 아닌 내 일처럼 생각하는 부모들의 마음은 충분히 이해하지만, 댓글의 대부분은 사실 피해 부모에게는 아무런 도움이 되지 않습니다.

잘못된 대처 방법은 오히려 상황을 악화시켜 피해 학생과 부모에게 더 큰 상처가 될 수 있습니다. 이 부분에 대해서 다시 한번 되짚어 볼 필요가 있습니다.

① "저 같으면 가해 학생 가만히 안 놔둡니다. 부모가 직접 해결하세요."

▶ 가장 위험한 대처 방법입니다. 어느 부모든 자녀가 학교폭력을 당하면 이성을 잃을 수밖에 없습니다.

마음 같아서는 법과 제도를 생각하기 전에 주먹이 먼저 나가는 것이 당연한 겁니다.

그러나 부모가 가해 학생과 물리적인 접촉하는 순간 학교폭력이라는 이슈는 사라지고, 새로운 법률적 이슈가 발생하여 사태가 더 악화될 수 있습니다. 그렇게 되면 진행 과정에서의 상처가 더 깊어지는 결과를 초래합니다.

얼마 전에도 피해 학생의 아버지가 가해 학생을 폭행하여 구속된 사례가 있습니다.

일시적인 감정의 해소는 되겠지만 아버지의 구속을 바라보는 자녀의 심정은 어떨까요?

감정적인 행위는 가족 모두에게 큰 상처를 주는 것입니다.

절대 그러시면 안 됩니다.

② "가해 학생을 직접 만나서 단호하게 말씀하세요."

▶ 언제부터인가 인터넷 커뮤니티에서는 이 방법이 가장 합리적인 방법이라고 유포되고 있습니다. 그러나 현실적이지 않은 방법입니다.

초등학생 자녀의 어머니가 이 방법으로 대처했다가 가해 학생 부모 측에게 '아동학대' 혐의로 형사 고소를 당하였고, 손해 배상으로 5,000만 원의 민사 소송을 당한 적이 있습니다.

피해 학생의 어머니는 그저 가해 학생에게 '다시 한번 우리 아이를 건드리면 너의 엄마한테 이야기하겠다.'는 말 한마디 했다고 합니다.

하지만 전혀 모르는 어른이 아이에게 다가가 무심코 던진 말이 아이에게는 위협이 될 수도 있습니다.

다행히 저에게 상담했던 어머니에게는 대처 방법에 대해 말씀드려서 잘 마무리가 되었지만, 이 사안은 아동학대로 변질되어 자칫하다가는 학교폭력의 본질을 놓칠 수 있습니다.

현실적인 방법도 아니며 추천하는 방법도 아닙니다.

③ "가해 학생 부모를 만나서 사과를 받으세요."

▶ 가해 학생 부모들이 사과를 할 것이라는 전제로 이런 이야기들을 합니다. 그런데 현실에서는 가해 학생 부모들이 사과하는 경우가 극히 드문 일입니다.

불필요하게 가해 학생 부모들과 접촉하지 마십시오. 만나 봐야 양측의 감정에 골만 깊어져 학교폭력이 어른들의 감정싸움으로 확대되는 것이 대부분입니다.

가해 학생 부모들이 사과할 것이라고 기대하지 마시고, 학교폭력의 피해를 입었다면 절차대로 진행하시면 됩니다.

④ **"학교에 가서 교장과 담임교사에게 강력하게 항의하세요."**

▶ 학교는 우리의 자녀가 다시 돌아가야 하는 곳입니다.

학교의 교사들도 모두 감정의 동물입니다. 자녀의 학교폭력에 대한 피해만 가지고 감정적으로 학교에 가서 교사들에게 분풀이를 한다면 이는 학교폭력의 절차를 그냥 감정적으로 대응하겠다는 의미와 같습니다.

학교와 교사들은 학교폭력에 대한 권한이 지극히 제한적입니다. 그들에게 감정을 쏟아 붓는다고 해서 그들이 부모의 의견을 수용하거나, 부모들을 두려워하지 않습니다.

오히려 극성스러운 부모 중의 한 사람으로 인지할 뿐입니다. 그렇게 인식이 된다면 학교와 교사들은 기계적 중립을 더 고수할 것입니다.

물론 학교와 교사들에게 항의해야 될 부분들은 있습니다.

피해에 대한 억울한 감정을 표출하는 것이 아닌, 학교폭력에 대한 절차의 문제점들이 있을 때는 그것에 대해서 문제 제기를 해야 합니다.

⑤ **"심부름 센터에 요청해서 삼촌 서비스를 받으세요."**

▶ 심부름 센터의 직원들을 이용하여 자녀의 등하교를 에스코트하고, 직원들의 위협적인 몸짓과 문신들을 보면서 학교에 소문이 퍼지면 자연스레 학교폭력에서 자녀들을 보호할 수 있다는 논리

로 얘기하시는 분들이 종종 있습니다.

돈을 지불해서라도 우리의 자녀를 보호할 수 있다면 마다할 부모는 없을 것입니다.

하지만 이러한 비정상적인 방법이 마치 최선인 것처럼 맘 카페나 인터넷 커뮤니티 사이에서 통용되는 것이 안타까울 뿐입니다.

요즘 아이들은 우리가 알고 있는 것보다 훨씬 더 영악합니다. 에스코트를 한 삼촌들이 돈을 지불한 심부름센터의 직원이라는 것을 알게 되는 순간, 오히려 자녀는 친구들에게 무시와 놀림을 더 당할 수도 있습니다.

또한 이러한 방법은 본질적인 문제를 해결하기보다 오히려 미봉책에 그칠 뿐이고, 문제가 생길 때마다 돈으로 해결할 수 있다는 그릇된 생각을 자녀에게 심어 줄 수 있습니다.

⑥ "무조건 경찰에 신고하세요."

▶ 경험하지 못한 제3자가 할 수 있는 말들 중 하나입니다.

대부분의 학교폭력은 직·간접적인 증거가 없습니다. 사법기관은 직·간접적인 증거를 토대로 판단합니다.

그러한 사항에서 경찰에 신고를 해도 경찰이 해 줄 수 있는 것은 아무것도 없습니다. (물론 성 관련 학교폭력과 직접적인 증거가 있는 학교폭력은 전혀 다릅니다.)

더욱이 대부분의 학교폭력 가해 학생들은 촉법 소년에 해당되다 보니 경찰 입장에서도 명확한 증거가 없는 상황이라면 직접적으로 개입하기 어렵습니다.

또한 경찰이 개입할 수 있는 사건은 사안에 따라 다릅니다. 무조건 경찰에 신고하는 것이 최선이 아니라는 말입니다.

⑦ "변호사를 선임하세요."

▶ 이 방법 또한 맘 카페에서 가장 많이 통용되는 방법입니다. 변호사를 대동하여 학교를 방문하는 것 자체가 나름의 위압감을 줄 수는 있습니다.

만약 경제적인 여유가 있으시다면 변호사 선임에 반대하고 싶지는 않습니다. 학교폭력 전문 변호사는 최소 300만 원에서 1,000만 원으로 수임료가 분포되어 있습니다.

하지만 대부분의 학교폭력은 변호사가 개입하기에는 애매한 사건들이 대부분입니다.

물론 변호사를 선임하기 전에는 변호사나 사무장들이 마치 모든 것을 해결해 줄 것처럼 이야기하지만, 변호사를 선임하는 순간 처음의 이야기와 달라지는 경우가 많이 있습니다.

변호사를 선임했다고 해서 변호사가 모든 것을 다 알아서 해 줄 것 같지요? 아닙니다. 학교폭력에 대한 직·간접적인 증거들은 모두 부모가 수집해야 합니다. 변호사들은 그저 법률 대리인일 뿐입니다.

앞서 말씀 드린 직·간접적인 증거가 명확하지 않은 상황에서 변호사가 할 수 있는 일들은 지극히 제한적이라는 말씀입니다. 많은 비용의 수임료를 부담했으면 당연히 원하는 결과를 얻어야 하지만, 의외로 그 비용만큼의 결과를 얻지 못하는 경우들이 많이 있습니다.

이러한 이유로 학교폭력 피해 가족들이 변호사에게 상처받는 경우들도 많기 때문에 변호사 선임은 신중하게 결정하시기 바랍니다.

⑧ "무조건 학교폭력대책심의위원회 개최를 요구하세요."

▶ 일반적으로 많은 분들이 학교폭력대책심의위원회(이하, '학폭위') 개최를 요구하라고 합니다.

학폭위 개최가 정상적인 절차이기 때문에 당연히 요구할 수 있습니다.

그러나 여기서 먼저 검토해야 할 것이 있습니다. 자녀가 초등학교 저학년이거나, 피해 상황이 크지 않다면 무조건 학폭위 개최가 정답이 될 수는 없습니다.

학폭위 개최를 요청하는 순간 학교폭력은 가해, 피해 부모들과의 감정싸움으로 확대됩니다.

또한 피해 자녀가 가해 학생으로 안건이 상정될 수 있습니다.

저는 학교폭력 피해 가족분들과 상담할 때, 학폭위 개최를 무조건 권유하지는 않습니다.

학폭위 개최를 요청하기 전에 자녀들의 피해 상황을 면밀히 살펴보아야 하고, 부모가 폭력의 진행 과정을 모두 인지한 다음에 결정하여도 늦지 않습니다.

무조건적인 학폭위 개최가 학교폭력 해결의 대안이 되지 않습니다. 오히려 그 과정이 고통스러워 힘들어하는 가족들이 너무나 많습니다. 학폭위는 사법 절차가 아니라, 행정 절차일 뿐입니다.

⑨ 확인되지 않은 경험담을 공유하며 마치 최선의 방법인 것처럼 말합니다.

▶ 오랜 기간 학교폭력을 견디면서 폭력에 대한 증거 자료를 모아 그 가해 학생이 대학교에 들어갔을 때, 모두 폭로하여 복수를 해줬다는 내용입니다.

정말 영화 같은 내용입니다. 실제 그러한 사례가 있었는지는 잘 모르겠으나, 학교폭력을 수년간 견디고 참아 낸다는 것은 경험하지 않은 보통 사람들에게는 상상하기 힘든 일입니다. 확인되지 않은 사례를 마치 최선의 대응방법인 양 이야기하는 것은 전혀 현실적이지 않습니다.

오랜 기간 학교폭력에 노출되어 있으면, 자존감 하락으로 인한 극단적인 선택을 할 가능성이 높습니다.

이렇게 이야기하면 도대체 부모가 할 수 있는 일들이 뭐가 있냐고 되물을 수 있습니다. 아무것도 하지 말란 이야기가 아닙니다.

학교폭력은 사안에 따라 대처 방법이 다르며 자녀의 신체적, 정신적 피해 상황을 모두 고려해서 판단해야 합니다.

확인되지 않는 사실들을 해결책이라고 인식하였다가 나중에 더 큰 상처와 고통을 받을 수 있습니다.

4:

학교폭력 신고는 112?

2년 전 아들의 학교폭력 사건을 담당했던 경찰 수사관을 아직도 기억합니다.

10여 년간 강력계에서 근무하다가 그해에 여성청소년계로 발령받은 수사관은 아들의 학교폭력 사건을 수사하면서 경찰이라는 본분보다는 같은 부모의 입장에서 감정이입하여, 아들의 사건에 최선을 다해 주셨습니다.

행여나 사건 처리 기간이 길어지게 되면 저에게 전화를 해서 해당 진행 과정을 소상히 알려주셨고, 오히려 여성청소년계의 업무가 강력계 10여 년의 업무보다 더 힘들다며 저에게 하소연을 한 적도 있습니다.

때론 학교폭력이 정말 심각한 문제라며 한탄도 하였습니다. 지금 생각해 보면 요즘 보기 드문 수사관이었습니다.

아들이 피해자 조사할 때 혹시나 위축되어 있진 않을까 염려되어 아들에게 용기와 희망을 줄 정도였으니 말입니다.

맘 카페에서는 학교폭력에 대한 글들이 게재될 때마다 무조건 경찰에 신고하라는 댓글들이 무수히 많습니다.

강력 범죄에 해당되는 학교폭력이고, 명확하게 신체적 정신적 피해를 입은 사안이라면 당연히 경찰에 신고하여 법적인 절차를 밟는 것이 맞습니다.

2년 전 저의 아들 사건이 경찰 조사에서 큰 무리 없이 진행될 수 있었던 이유는 몇 가지 전제 조건이 있었습니다.

가해 학생들이 촉법 소년이 아닌 범죄 소년이었다는 점, 폭행의 증거가 CCTV에 고스란히 찍혔다는 점. 이는 굉장히 중요한 사안입니다.

해당 사건이 범죄 혐의로 충분히 입증될 수 있는 사안이라는 것입니다. 그러나 가해 학생들이 촉법 소년에 해당되거나, 폭행에 대한 직접적인 증거가 없을 때에는 경찰 조사도 난항에 부딪칠 수밖에 없습니다.

더욱이 가해 학생 측이 오히려 피해 학생을 가해 학생이라고 진정서를 넣거나 쌍방 고소를 하게 되면, 그때부터는 실체적 진실을 파헤치기 위한 수사 기관이 아닌 민원인의 요구에 흔들리는 행정 기관이 될 수도 있습니다.

실제로 작년에 상담했던 초등학교 저학년 학생의 어머니는 자신의 아들이 피해 학생임에도 불구하고, 가해 학생 측의 쌍방 경찰 고소로 인하여 경찰서에서 피의자 조사를 받았고, 실체적 진실에 대한 규명도 없이 소년 재판으로 넘어간 적이 있습니다.

물론 소년 재판에서 무죄가 나오기는 했지만, 8개월에 가까운 시간 동안 받았던 정신적 피해는 실로 말로 표현할 수가 없었습니다.

이와 마찬가지로 초등학교 6학년이었던 피해 학생은 가해 학생 측으로부터 끊임없이 경찰에 고소를 당해 결국에는 소년재판으로 넘어 갔고, 1년 가까운 시간 동안 조사를 반복하는 일상을 겪었습니다.

제가 여러분들께 드리고자 하는 말씀은 학교폭력에서 경찰 신고가 최선의 해결책이 될 수 없다는 이야기입니다.

초등학교 저학년들 사이에서 일어나는 학교폭력, 폭력의 직접적인 증거 없이 오로지 피·가해자 진술밖에 없는 사안은 경찰에 신고하는 것이 오히려 독이 될 수 있습니다. 그럴 경우 경찰은 실체적 진실을 밝히기보다 해당 사안의 판단을 소년재판으로 모두 넘겨 피해 학생 측의 부모들에게 또 다른 불안을 야기시키기도 합니다.

더욱이 가해 학생 측에서 쌍방 폭력으로 신고한다면 추후 결과를 예측할 수도 없기 때문에 경찰에 신고하는 것만이 최선의 방법이라고 생각했다가 오히려 더 큰 고통을 받을 수 있습니다.

5:

학교폭력 변호사 vs 학교폭력 행정사

2년 전 아들의 학교폭력 처리과정을 처음부터 끝까지 모든 상황을 겪은 제 경험을 토대로 학교폭력 피해 부모들과 상담을 하면서, 그 누구보다도 부모가 주도적으로 진행해야 한다고 조언을 드립니다.

그럼에도 모든 피해 부모들에게 저의 경험치를 강요할 수는 없습니다. 각각의 개인적인 성향이 다르고, 처해진 환경이 다르기 때문입니다.

그러다가 피해 가족들이 일부 학교폭력 변호사, 행정사들로 인하여 더 큰 상처를 받고 있다는 사실을 알게 되었습니다.

그래서 이번 기회에 학교폭력 변호사 vs 학교폭력 행정사의 비교와 선택의 기준에 대해서 제 개인적인 의견을 Q&A 형태로 말씀을 드립니다.

Q: 맘 카페에서 학교폭력 게시글이 올라오면 댓글로 변호사를 빨리 선임하라고 합니다. 과연 적절한 선택인가요?

A: 변호사를 선임하라고 하는 이유는 현재 발생된 학교폭력 사안을 유리하게 이끌어가기 위해서 그리고 상대방 측에 위압감을 주기 위해서라고 생각합니다.

그러나 여러분들도 알다시피 법률 시장의 개방으로 인하여 변호사의 위상이 예전 같지 않습니다.

변호사를 선임했다고 해서 학교와 교사, 교육청, 심의 위원, 가해 부모들은 별로 위축되지 않습니다.

게다가 경제적인 부담도 있기 때문에 단순히 상황을 유리하게 이끌어 가기 위한 수단으로 선택을 한다면 변호사 선임은 바람직하지 않다고 생각합니다.

Q: 학교폭력이 발생되면 변호사를 무조건 선임해야 하나요?

A: 발생된 학교폭력의 유형을 보고 판단해야 합니다. 전체 발생되는 학교폭력 사안의 대략 10% 내외는 일반 학교폭력이라고 보기 어려울 만큼 강력 범죄의 유형을 띄는 경우가 있습니다.

이럴 경우에는 학교폭력대책심의위원회(이하, '학폭위')외에 민·형사상의 고소로 이어지기 때문에 어쩔 수 없이 변호사를 선임해야 합니다. 변호사 선임은 학교폭력의 유형을 보고 판단해야 한다고 생각합니다.

Q: 강력 범죄의 유형이라면 어떤 것을 말하는 건가요?

A: 일반적으로 성폭력 사안, 집단 폭행, 집단 협박, 갈취 등 성 관련 학교폭력 사안과 개인이 아닌 다수에 의해 발생된 학교폭력을 말합니다.

Q: 변호사를 선임하게 되면 모든 처리과정을 알아서 해 주나요?

A: 아니오. 변호사는 소송 대리인이고, 학교폭력의 처리 과정에 대한 절차를 알려주는 법률적 조력자일 뿐입니다.

대부분의 피해 부모들은 변호사가 모든 것을 다 알아서 해 줄 것이라고 생각하지만, 실질적인 처리 과정에서 주도적인 역할은 피해 부모들이 해야 합니다.

피해 부모들이 모든 것을 변호사에게 일임하고, 변호사만 믿고 아무것도 하지 않은 채 방심하고 있다가 의외로 예상하지 못한 결과를 얻어 상처를 받을 수도 있습니다.

변호사를 선임했다 하더라도 피해 부모가 해당 학교폭력 사안의 증거들을 확보하고 주도적으로 진행해야 합니다.

더욱이 학폭위는 법률적인 절차보다 행정적인 절차로 인식해야합니다.

Q: 그렇다면 학교폭력 행정사는 무슨 일을 하나요?

A: 행정사는 국가 행정 처리에 진행되는 절차의 조언 및 문서 작성을 대리하는 사람들입니다.

학폭위 자체가 교육청 내의 행정 처리에 속하기 때문에 학폭위에 제출되어야 하는 문서의 작성 대리 및 절차에 대해서 조언을 합니다.

Q: 학교폭력 행정사의 선택의 기준은 무엇인가요?

A: 다소 경미한 학교폭력 사안에는 변호사보다 행정사가 적합하지 않나 생각합니다. 다만, 행정사의 역할이 행정 문서 작성과 처리 절차에 대한 조언에 대해서만 도움을 받을 것인지, 아니면 진행되는 학교폭력 사안에 대한 경우의 수 등의 대응 전략에 대한 조언까지 도움을 받을 수 있을지는 전적으로 행정사의 역량입니다.

만약, 해당 행정사가 단순히 처리 절차와 문서 작성에 대해서만 도움을 준다면 굳이 행정사를 선임하여 진행할 필요는 없을 듯합니다. 부모가 모두 할 수 있습니다.

Q: 학교폭력 사안에서 변호사와 행정사의 차이는 무엇인가요?

A: 진행 처리 절차에서 큰 차이는 없어 보입니다. 가장 큰 차이는 아마도 학폭위에 참석 여부가 아닌가 생각합니다.

변호사는 학폭위에서 피해 부모의 법률 대리인으로 참석할 수 있으나, 행정사는 참석할 수 없는 것으로 알고 있습니다.

Q: 변호사가 학폭위에 참석한다면 크게 도움이 될까요?

A: 글쎄요. 변호사의 참석 여부가 학폭위 선도 조치 결정에 영향을 끼치지는 않는다고 생각합니다.

더욱이 학폭위는 생각보다 진행 시간이 짧습니다. 그렇기 때문에 피해 학생과 부모들의 의견에 더 많은 시간을 할애합니다. 변호사가 참석하냐, 안 하냐가 중요한 것이 아니라 직간접적인 증거와 더불어 피해 부모가 어떤 논리를 가지고 심의 위원을 설득하느냐가 가장 큰 영향을 끼치지 않나 생각합니다.

Q: 변호사와 행정사의 비용은 어느 정도인가요?

A: 제가 알기로는 변호사의 선임 비용은 천차만별입니다.

지방의 학교폭력 변호사는 300만 원부터 선임료가 형성되기도 하고, 보통 500만 원에서 최고 1,000만 원까지의 선임료가 분포되어 있습니다.

행정사의 비용은 대략 200만 원 내외의 비용으로 되어 있는 것으로 알고 있습니다.

Q: 그래도 잘 이해가 되지 않습니다. 변호사와 행정사 누구를 선택해 야 할까요?

A: 경제적으로 여유가 있고 발생된 학교폭력 사안에 부모가 주도적으로 개입하기 어려울 경우, 해당 학교폭력 사안이 학폭위뿐만이 아니라 향후 민·형사상의 고소로 이어질 것이라고 판단이 된다면 변호사를 선임하여 진행하시기 바랍니다. 만약 해당 학교폭력 사안이 다소 경미하고, 부모가 행정 문서 작성에 어려움이 있다면 변호사보다는 다소 비용이 낮은 행정사를 선임하여 진행하는 것을 권유합니다.

Q: 학교폭력 변호사, 학교폭력 행정사 선택을 고민하는 피해 부모들 에게

A: 누구를 선택하든 이는 피해 부모들의 자유 의지입니다. 다만 변호사나 행정사를 선임했다고 해서 모든 것을 그들에게 일임하면 안 된다는 것입니다.

학교폭력 사안의 실체적 진실은 부모가 밝혀야 하고 함께 대응해야 합니다. 부모들이 주도적으로 이끌어야 합니다.

개인적으로 저는 학교폭력 피해 부모들이 직접 마주하여 사안을 처리하기를 강조합니다.

자녀는 학폭위의 결과를 보고 상처를 극복하는 것이 아니라, 학교폭력 처리 과정에서 보이는 부모의 모습을 보고 상처를 극복하기 때문입니다.

부모들이 자녀를 위하여 변호사가 되어야 하고, 행정사가 되어야 합니다.

6

발생된 학교폭력의 자기 객관화

'폭력'의 기준은 가해자가 정하는 것이 아니라, '피해자'가 정하는 것이라고 강조합니다. 그래서 자녀들에게 '폭력'과 '장난'의 경계선을 명확하게 인식시켜 주어야 한다고 부모들에게 이야기합니다.

평소에는 단순히 '장난'으로 치부할 수 있었던 언행들이라 할지라도 상대방이 기분이 나쁘거나, 정신적으로 피해를 입었다면 '장난'이 아닌 '폭력'으로 인식해야 하는 것이 맞다고 생각합니다.

가정에서 자녀들에게 '폭력'과 '장난'의 경계선을 교육해야 합니다. 그러한 기준이 명확히 설정되어 있지 않는다면, 우리 자녀들은 하루에도 수십 번씩 '폭력'과 '장난'의 경계선에서 아슬아슬하게 외줄타기를 할 수도 있습니다.

여기서 '폭력'의 기준과 '폭력'의 정의는 다소 다른 개념입니다.

'폭력'의 기준은 다분히 개인적이고 주관적인 판단에 의해서 결정되는 것이라면, '폭력'의 정의는 사회 통념상 보편적인 기준에 따라 적용되기 때문입니다.

그러한 '기준'과 '정의'는 해당 사안을 어떻게 판단할 것인지에 대해 심각한 괴리감이 발생되기도 합니다.

피해 학생 부모의 입장에서는 분명 '폭력'이라고 판단되지만, 제3자가 판단하기에는 다소 애매모호한 경우들이 많기 때문입니다.

학교폭력대책심의위원회(이하, '학폭위')에서 이해할 수 없는 조치가 나오는 것도 이러한 폭력의 기준과 정의에 대한 괴리감 때문이 아닐까 생각해 봅니다.

초등학교에서 발생되는 학교폭력의 대부분은 이러한 기준과 정의의 인식들이 명확하게 구분되지 않은 상황에서 피해 가족의 일방적인 주장으로 학교폭력으로 신고가 되서 학폭위가 개최되는 경우들이 많습니다.

물론 앞서 말씀드린 바와 같이 피해 가족의 입장에서는 분명 폭력이라고 단정 지을 만한 여러 가지의 피해 상황과 정황들이 있지만, 적어도 학교폭력으로 인정되기 위해서는 학폭위 심의 위원(제3자)이 판단할 수 있도록 사회 통념상의 정의에 부합되는지 검토해야 할 필요가 있습니다.

단순히 자신들의 주관에 의하여 폭력이라는 기준에 부합된다 하더라도, 우리가 인식하고 있는 보편적인 기준에 해당되지 않는다면 폭력이라기보다 관계성에서 나오는 자연스러운 신체적 접촉으로 볼 수 있기 때문입니다.

어떤 사안을 중립적이고, 객관적인 시각으로 바라보는 것은 생각처럼 쉽지 않습니다. 아무리 스스로 객관적인 시각을 가져 본다 하더라도, 우리 모두에게는 각각의 사안에 대한 가치 판단이 있기 때문입니다.

더욱이 자녀에 대한 일들은 부모들이 이성적으로 판단하는 것이 무척 어렵습니다.

어느 부모든 자녀에 관련된 일이라면 앞뒤를 생각하지 않고, 감정적으로 받아들이고 판단할 수밖에 없습니다.

그럼에도 불구하고 저는 해당 학교폭력 사안에 대해서 피해 부모들에게 객관화를 강조합니다.

이성적인 판단이 전제되지 않으면 학교폭력의 처리 절차를 진행하는 것이 좀처럼 쉽지 않습니다.

학교와 교사들, 교육지원청 학교폭력 장학사, 학폭위 심의 위원들 모두는 당사자가 아닌 제3자이기 때문입니다.

아무리 피해 학생의 입장에서 폭력의 기준에 부합된다 하더라도 그들을 이해시키거나 설득시키지 못한다면, 피해 부모 측에서 주장하는 모든 내용은 극성맞은 부모들의 항변으로 인식되기 때문입니다.

엄격한 자기 객관화가 필요합니다. 우리 자녀에게 발생된 학교폭력 사안이 심각한 폭력 행위로 인한 신체적, 정신적 피해를 입었는지, 폭력의 유형 자체가 사회 통념상 인식될 수 있는 폭력인지를 판단해야 하고, 폭력의 피해를 입증할 수 있는 객관적인 증거들이 있는지를 판단해야 합니다.

단순히 자녀가 정신적으로 힘들어한다고 자녀의 이야기만을 듣고 판단하였다가 나중에 예상하지 못한 상황에 마주할 수 있으며, 당연히 피해 학생인 줄로만 알고 있던 부모들은 폭력의 과정에서 불가피하게 발생된 신체적 접촉과 언어폭력으로 인하여 쌍방 폭력으로 안건이 상정되는 일들이 부지기수입니다.

발생된 학교폭력의 기준과 정의를 부모가 명확히 구분할 필요가 있습니다.

그러한 구분이 되지 않은 상황에서 학교폭력 처리 절차를 밟게 된다면 학교폭력의 피해 학생임에도 불구하고 진행 과정에서 더 깊은 상처와 고통이 동반될 수 있기 때문입니다.

자녀의 상처를 외면하라는 것이 아닙니다. 자녀의 학교폭력을 객관적인 시선으로 판단하라는 것입니다.

적어도 학교폭력이라는 중대한 가정의 위기에 대응하기 위해서는 향후 피해 가족이 소명하고 주장해야 될 사안이 제3자에게 인식이 되어야 하며, 그러기 위해서는 감정적인 대응보다 이성적인 대응 방식이 훨씬 더 현명한 대응 방식이 아닐까 생각합니다.

발생된 학교폭력의 자기 객관화가 필요합니다.

7

부모가 피해 자녀에게
해서는 안 될 말 & 해야 될 말

    학교폭력 피해 부모들과 상담을 하다 보면 의외로 피해 부모들의 말한마디로 자녀가 상처를 입는 경우들이 많습니다. 부모들의 입장에서는 피해 자녀를 위로하기 위한 말이지만, 때로는 그러한 말들이 자녀들에게 씻을 수 없는 상처가 되기도 합니다.

    그 상처로 인해 어느 순간 부모들과 대화를 단절하고, 부모와의 본격적인 갈등이 표면화됩니다.

    아무렇지 않게 내뱉은 부모의 말 한마디가 자녀들에게는 비수가 되어 가슴에 꽂히고, 나중에는 분노와 원망의 타깃이 가해 학생이 아닌 부모가 되어 심각한 가정 내의 갈등으로 표출되기도 합니다.

• 피해 자녀에게 이런 말은 하지 마세요!

"너도 잘한 것 없네." & "그 봐 그럴 줄 알았어."

학교폭력의 상처를 입은 자녀에게 폭력의 원인을 자녀의 탓으로 돌리는 의미와 같습니다.

부모는 제3자가 아닙니다. 이러한 말 한마디는 부모와 자녀의 신뢰 관계를 깨뜨리는 행위입니다.

"뭘 그런 것 가지고 그래. 이겨 내."

자녀의 상처를 부모가 임의적으로 판단하고 축소하는 의미로 들릴 수 있습니다. 자녀 입장에서는 자신이 받은 상처를 부모가 외면하고 있다고 인식할 수 있습니다.

"아빠 때는 학교폭력이 더 심했다."

논점이 이탈된 표현입니다. 발생된 학교폭력 사안과 과거의 학교폭력은 비교 대상이 아닙니다.

"도대체 넌 어떻게 행동했길래 이런 일이 벌어져?"

발생된 학교폭력의 사안보다 자녀의 언행이나 행동에 대해 원망을 표현한 것입니다. 부모들이 이러한 표현을 한다면 이는 과거부터 자녀와의 유대관계가 좋지 않았을 가능성이 높습니다.

"너는 왜 바보같이 안 때리고 맞고만 있었어?"

자녀가 함께 폭력으로 대응하지 않은 이유는 복합적인 이유에서입니다. 그 이유 중에 하나는 자신의 폭력으로 인하여 사태가 더 악화되지 않을까 하는 걱정 때문일 겁니다.

부모의 입장에서는 당연히 자녀가 폭행 당한 모습을 보고 속상해서 이야기할 수 있습니다.

그러나 자녀의 입장에서 그러한 부모의 말 한마디는 오히려 자신의 판단에 대해 죄책감을 갖게 할 수 있습니다.

"별일 아니니 일 크게 벌이지 말고, 이렇게 마무리하자."
"사과 받았으니 그냥 넘어가자."

전형적으로 무책임한 부모의 모습입니다. 부모는 자녀에게 최후의 보루가 되어야 합니다.

이렇게 해결하려고 하는 부모들의 대부분은 자신들의 삶의 내력과 연관되어 있습니다. 살아오면서 어떤 문제나 위기에 마주했을 때마다 부모들은 회피했을 가능성이 높습니다.

사과는 부모가 받아야 하는 것이 아니라 피해 자녀가 받아야 하는 것입니다. 자녀의 상처가 복구되지도 않았는데 일방적으로 부모가 사과를 받았다고 사안을 무마시킨다면, 자녀는 오히려 부모에게 더 큰 실망감을 가질 것입니다.

우리 자녀의 일입니다. 부모라는 이유로 자녀의 학교폭력 사안을 임의적으로 합의하거나 무마하려고 하지 마세요. 자녀는 부모를 원망할 것입니다.

판단과 사과의 주체는 부모가 아닌 피해 자녀이어야 합니다.

"당신은 도대체 애를 어떻게 키웠길래 이런 일이 생겨."

최악의 표현 방식입니다. 만약에 발생된 학교폭력 사안으로 부부간의 다툼이나 갈등이 발생하게 된다면 자녀는 앞으로 더 이상 부모에게 의지하지 않을 것입니다.

자녀 앞에서 부부간의 갈등이 표출되어서는 안 됩니다.

학교폭력은 부부가 함께 대응해서 극복해야 할 사안입니다.

가족 간의 갈등이 표면화되는 순간 자녀와의 관계가 소원해질뿐더러 최악의 경우 가정이 해체될 수도 있습니다.

· 피해 자녀에게 이런 말을 해 주세요!

"너의 잘못이 아니야."

자녀들은 피해자임에도 불구하고 발생된 학교폭력 사안의 모든 잘못이 자신에게 있다고 인식하는 경우도 많이 있습니다. 부모가 자녀에게 너의 잘못이 아니라는 사실을 명확하게 알려주어야 합니다.

"어떤 이유에서든 폭력은 정당화될 수 없어."

앞에서도 말씀드렸지만 학교폭력을 당한 아이들의 특징은 오히려 자신이 폭행을 당할 만한 이유가 있었다고 합리화하는 경우들이 많이 있습니다.

만약 이러한 인식들이 고착될 경우, 자녀는 어느 순간 폭력의 행위를 정당화할 수 있습니다.

어떤 이유에서든 폭력이 정당화될 수 없다는 사실을 자녀에게 알려 주어야 합니다.

"그동안 엄마, 아빠가 너의 상처를 알지 못해서 미안해."

오랜 기간 학교폭력에 노출된 아이들은 우울감과 두려움이 함께 병행되는 경우들이 있습니다.

자녀의 상처를 위로하는 가장 큰 존재는 부모여야 합니다. 자녀를 따뜻하게 위로해 주세요.

"대응을 잘했어. 엄마, 아빠 같았으면 가만 안 놔뒀을 거야."

부모는 자녀에게 강력한 지지자가 되어야 합니다. 발생된 학교폭력 사안에 소극적으로 대응하였다고 자녀를 질책하지 마세요. 자녀의 선택과 대응에 지지자가 되어 주어야 합니다.

"엄마 아빠가 알아서 할게, 너는 걱정하지 마."

아빠에게는 신뢰감을, 엄마에게는 안정감을 자녀가 느낄 수 있도록 해야 합니다. 부모가 함께 공동 대응함으로써, 자녀에게는 든든한 엄마 아빠가 있다는 것을 다시 한번 인지시킬 필요가 있습니다.

"앞으로 엄마 아빠는 이렇게 대응할 거야."

향후 대응 계획을 피해 자녀에게 공유해 주세요. 엄마 아빠가 해당 학교폭력 사안을 어떻게 대응하는지 자녀가 알아야 할 필요가 있습니다. 엄마 아빠의 대응 과정을 보면서 자녀는 부모에 대한 신뢰감이 더 깊어집니다.

학교폭력 피해 자녀들이 상처와 고통을 호소하고 있습니다. 그 상처의 직접적인 대상은 가해 학생이지만, 의외로 피해 학생의 부모인 경우도 많습니다.

우리 자녀들은 부모들의 말 한마디에 쉽게 상처를 받기도 하고 위로를 받기도 합니다.

물론 부모의 입장에서는 속상하기 때문에 다소 감정적인 표현을 자녀들에게 할 수 있습니다.

그러나 부모는 학교폭력으로 상처 입은 자녀의 입장을 먼저 생각해야 합니다.

아무렇지 않게 표현한 부모들의 말 한마디가 자녀들에게는 비수가 되어 오래도록 가슴에 상처로 남는다는 것을 알고 계셔야 합니다.

학교폭력으로 상처 입은 자녀를 꼭 안아주세요.

부모의 뜨거운 사랑이 전달될 수 있도록 말입니다.

계속적으로 강조하지만 부모는 자녀에게 최후의 보루이어야 합니다.

8 ✦
✦

초등학교에서 발생되는
학교폭력 부모 대응 방식

발생된 학교폭력 사안에 대해서 '자기 객관화'가 필요하다고 강조하였지만, 사실 현실에서는 참 어려운 일입니다.

사랑하는 자녀가 어느 날 학교폭력을 당했다는 사실을 알게 되면 부모의 입장에서는 망연자실할 수밖에 없고, 극도의 분노와 억울함의 감정이 동반되는 것은 사실입니다.

그분들에게 섣불리 자기 객관화에 대해서 이야기했다가는 피해 가족의 아픔과 상처를 모르는 사람이라고 매도당할 수도 있습니다.

그럼에도 발생된 학교폭력 사안에 대해 지속적으로 '자기 객관화'를 강조하는 이유는 주관적이고 감정적으로 대응할 경우에 피해 자녀와 부모들의 상처가 더 커진다는 것을 알고 있기 때문입니다.

또한 학교폭력이 일어났다고 해서 무조건 학교폭력대책심의위원회(이하, '학폭위') 개최를 요구하는 것은 실질적인 해결책이라고 볼 수 없습니다.

현재 학폭위가 가해 학생에 대한 처벌이 아닌 선도의 개념이라면, 가해 학생의 연령에 따라서 학폭위 선도 조치 결과는 미약할 수밖에 없습니다.

그래서 학교폭력 피·가해 학생의 연령에 따라 탄력적인 대응 방식이 필요합니다.

· 피해 자녀가 초등학교 저학년일 경우

초등학교 저학년 남학생들에게 발생되는 학교폭력은 대부분 우발적인 신체접촉이 많습니다. 아이들 간의 놀이 과정에서 다툼, 반 아이들 간의 갈등에서 표출되는 다툼이 일반적이다 보니 상대적으로 피해의 정도가 크지 않습니다.

그래서 저는 기본적으로 초등학교 저학년들 사이에서 발생되는 학교폭력 사안은 되도록이면 학교 전담 기구를 통해 해결하기를 권유합니다.

학교와 교사들이 현재의 학교폭력 사안에 권한과 책임이 상대적으로 미약하더라도 학교와 교사들에게 일정 부분 슬기로운 해결책을 요구하고, 그들의 중재 과정을 일단 지켜볼 필요가 있다고 생각합니다.

초등학교 저학년들 사이에서 벌어지는 학교폭력은 자칫하다가는 대부분 부모들의 감정싸움으로 확대가 됩니다.

교육지원청에서 주관하는 학폭위로 이 사안이 넘어가게 되는 순간 실체적 진실과는 상관없이 피·가해 부모들의 자존심 싸움으로 변질되어 진행이 될 가능성이 높습니다.

이렇게 되면 결국에 학폭위는 결과와 상관없이 진행 과정에서의 상처만 남게 될 것입니다.

여학생들에게 발생되는 학교폭력 사안은 신체적 접촉보다 왕따와 따돌림에 대한 사안이 상대적으로 많습니다.

당연히 피해 학생 부모 입장에서는 상황의 심각성을 인지하여 학교폭력으로 신고를 합니다.

그러나 초등학교 저학년들 사이에서 발생되는 왕따와 따돌림은 조직적이거나 계획적이지 않습니다.

요즘은 상대적으로 외동 자녀들이 많다 보니 친구들 간의 질투심이 알게 모르게 작용을 하고, 그러한 질투심이 때로는 왕따와 따돌림으로 표출되는 경우들이 많습니다.

절친이었던 친구가 어느 날 손절 하겠다고 하고, 또 어느 날 손절했던 친구와 다시 절친이 되기도 합니다.

여학생들 사이에서 일상적인 사회화 과정을 무조건 학교폭력으로 인식하여 신고한다면, 이는 본질적인 해결책이 아닐 수도 있습니다.

손절을 당해도 담담하게 받아들이고, 다른 친구들을 사귈 수 있는 마음의 근육을 자녀들에게 만들어 주는 것이 문제의 핵심이라고 생각합니다.

수많은 자녀들이 친구 관계로 마음 아파하고 상처를 받기도 합니다.

부모들은 자녀가 상처 받았다는 것에 분노하기보다는 자녀의 상처를 최소화할 수 있도록 양육의 방식을 바꾸어 줄 필요가 있습니다.

그래서 자존감과 마음근육의 필요성을 지속적으로 강조하는 것입니다. 자존감과 마음의 근육이 형성되지 않은 상태에서 성장하게 된다면 우리 자녀들은 갈등과 상처를 반복할 것이고, 상처는 더 깊어질 것입니다.

• 피해 자녀가 초등학교 고학년일 경우

초등학교 고학년부터 발생되는 학교폭력은 앞서 말씀 드린 우발적인 사안보다는 다소 계획적이고 집단화되는 경향을 보입니다.

개인 대 개인이 아닌 집단 대 개인으로 가해 학생들의 범위가 넓어지게 되고, 조직적으로 학교폭력이 행해지는 경우들이 있습니다.

그러다 보니 남학생들의 학교폭력 사안은 상대적으로 신체적 피해가 큰 경우가 많습니다.

피해 자녀가 신체적, 정신적 피해가 상당하다고 판단이 될 경우에는 교육지원청에서 주관하는 학폭위 개최를 요구해야 합니다.

그러나 학폭위 개최를 요구했다고 해서 모든 가해 학생들이 무거운 선도 조치 결과를 받는 것은 아닙니다.

현재의 학폭위는 처벌이 아닌 선도 중심이기 때문입니다.

그럼에도 학폭위 개최를 요구하라는 의미는 발생된 학교폭력 사안이 가볍지 않다는 것을 인식시키기 위함이고, 학교폭력에 대한 기록을 남기기 위함입니다.

그러한 과정과 해당 사안의 기록을 남게 함으로써 가해 학생들에 대한 재발 방지의 효과가 있습니다.

여학생의 학교폭력도 비슷합니다.

저학년 때는 단순히 개인 대 개인의 갈등에서 비롯된 폭력이라면, 고학년은 집단이 개인에게 폭력을 가하는 경우들이 많습니다. 더욱이 요즘에는 SNS를 이용하여 집요하게 괴롭히는 사례들이 늘어나고 있는 추세입니다.

마찬가지로 이 경우에도 자녀의 피해 상황을 면밀히 판단하고, 교육지원청에서 주관하는 학폭위 개최를 요구해야 합니다.

초등학교 고학년에서 발생되는 학교폭력은 중학교까지 이어질 가능성이 높습니다.

더욱이 여학생들 사이에서 발생되는 왕따와 집단 따돌림이 단순히 초등학교에서만 국한되는 것이 아니라, 중학교까지 이어진다면 피해 자녀는 오랜 시간 고통을 받게 될 것입니다.

단, 학폭위에 개최를 요구하기 위해서는 학교폭력 피해에 대한 직·간접적인 증거가 확보되어야 합니다. 단순히 피해 자녀들의 일방적인 주장으로만 진행될 경우 학폭위에서 조치 없음으로 결정이 나올 수 있음을 명심하시기 바랍니다.

초등학교에서 발생되는 학교폭력 사안에 대해서 피해 부모들과 상담하는 것은 여간 어려운 일이 아닙니다.

대부분의 피해 부모들은 극도로 흥분되어 있고, 강력한 대처만이 자신의 자녀를 보호한다고 생각하기 때문에 그들에게 저의 의견을 피력하기가 쉽지 않습니다.

그럼에도 저는 되도록이면 발생된 학교폭력 사안에 대해서 객관적인 시각을 유지하려고 합니다.

기본적으로 저의 상담 원칙은 피해 자녀의 '상처 치유와 재발 방지' 목적에 있습니다. 상처 치유와 재발 방지는 학폭위의 결정으로 해결되지 않습니다.

학교폭력 진행 과정에서 보여지는 부모의 모습에서 피해 자녀는 상처를 치유 받고, 가해 학생은 자신이 잘못했다는 것을 느끼기도 합니다.

저는 초등학교에서 발생되는 학교폭력 사안에 대해서 무조건 학폭위 개최 요구를 해야 한다고 이야기하지 않습니다.

각각의 학교폭력의 유형에 따라 탄력적으로 대응해야 하지만, 되도록이면 학교전담기구를 통하여 학교와 교사들이 적극적으로 개입하여 슬기로운 방법으로 해결할 수 있도록 제안 드립니다.

그 이유는 아직 우리 자녀들에게 교사들의 영향력이 크다는 것이고, 학교폭력에 대한 선도 조치보다 재발 방지와 상처 치유에 더 집중해야 되기 때문입니다.

학교폭력 피해 부모들의 심정을 그 누구보다 잘 알고 있습니다.

그러나 신중하게 고민하고 결정해야 됩니다.

초등학교에서 발생되는 학교폭력 사안은 가해 학생을 처벌하는 것이 목적이 되어서는 안 됩니다.

9:

중·고등학교에서 발생되는
학교폭력 부모 대응 방식

과거와 현재의 학교폭력 유형을 비교해 보면 과거에는 학교폭력의 주체가 소위 일진들이 주도를 했다면, 현재는 일진이 아닌 불특정 다수의 아이들로 확대되고 있다는 것입니다.

즉 공부를 잘하는 학생, 모범적인 학생도 학교폭력의 가해자가 되는 경우들이 있습니다.

또한 학교폭력의 원인이 과거에는 금품 갈취가 주를 이루었다면, 현재는 원인 자체가 불분명 하며 단순히 자신들의 감정과 욕구불만의 해소로 행해지는 경우가 많습니다.

가장 큰 문제는 폭력의 유형이 점차 확대되고 있다는 것입니다. 물론 과거에도 집단 따돌림이 문제가 되기도 했지만, 휴대폰의 보급과 SNS의 발달은 따돌림과 사이버 폭력의 진화를 가져왔습니다.

단순히 신체적 폭력뿐만이 아니라 정신적인 폭력까지 확대되면서 학교폭력이 날로 심각해지고 있습니다.

중·고등학교에서 발생되는 학교폭력 사안은 단순히 개인 대 개인 간의 관계성에서 발생되는 자연스러운 접촉이라고 치부하기 어려우며, 때론 강력 범죄의 양상을 보이기도 합니다.

집단에 의하여 신체 폭행, 사이버 폭력, 사이버불링을 당하는 경우도 있으며, 무엇보다 성 관련 학교폭력이 발생되는 시기이기도 합니다.

그러다 보니 피해 학생들의 신체적, 정신적 피해가 상대적으로 크며 학교폭력의 상처를 극복하지 못하면 학교를 자퇴하거나, 극단적인 시도를 하는 경우들도 있습니다.

이 시기에 발생되는 학교폭력은 단순히 철없는 아이들의 장난이 아닌 범죄로 인식되어야 합니다.

그만큼 폭력의 피해가 상당하고, 가해 학생들이 현재의 학교폭력 시스템의 맹점을 이용하여 더 교묘하게 피해 학생들에게 폭력을 가하고 있기 때문입니다.

더욱이 사춘기 시절에 경험한 학교폭력은 오랜 기간 자녀들에게 상처로 남을 가능성이 높으며, 성인이 되어서도 정상적인 사회생활을 할 수 없을 만큼 트라우마에 시달릴 수 있습니다.

발생된 학교폭력의 유형을 면밀히 판단하여 학교폭력대책심의위원회(이하, '학폭위') 개최 요구를 해야 하고, 사법기관에 고소를 병행해야 합니다.

분명 강력 범죄에 버금가는 학교폭력 사안임에도 불구하고, 간혹 보복이 두려워 피해 학생의 부모들이 형사 고소를 주저하는 경우도 있습니다.

이는 단순히 해당 사안을 덮으려는 의도보다 혹시나 자신의 자녀가 가해 학생들에게 보복을 당하지 않을까 하는 우려 때문입니다. 그러나 이는 올바른 대처 방식이 아닙니다.

부모가 가해 학생들에 대한 두려움을 갖는다면 피해 자녀는 더 위축될 것입니다.

더욱이 피해 부모가 가해 학생들에 대한 두려움 때문에 일방적으로 가해 학생 측과 합의를 하게 된다면, 이는 추후에 분노의 타깃이 가해 학생이 아닌 부모가 될 수 있습니다.

해당 학교폭력으로 신체적, 정신적 피해가 크다고 판단이 되면 이는 경찰에 고소하여 학폭위와 병행하여 진행해야 합니다. 경찰에 고소하는 이유는 그들의 행위가 심각한 범죄 행위라는 것을 인식시키기 위함이며, 사법적인 절차를 밟는다는 것만으로도 가해 학생 측에서는 크게 위축되기 때문입니다.

중·고등학교에서 발생되는 학교폭력 사안은 기본적으로 경찰 고소 여부도 판단해야 합니다.

물론 우발적인 학교폭력 사안이나 학교폭력의 증거가 미약할 경우에는 경찰 고소에 어려움이 있겠지만 집단 폭행, 성폭력, 금품 갈취, 협박 등 자녀의 일상생활을 해칠 만큼의 강력 범죄에 해당되는 사안이라면 경찰 고소도 함께 진행되어야 합니다.

이는 단순히 가해 학생들에게 법률적 책임을 묻기보다 해당 학교폭력 사안의 실체적 진실을 밝히기 위함입니다.

현재의 학폭위는 발생된 학교폭력 사안에 대해 실체적 진실을 밝힐 만한 권한이 없습니다.

강제 조사 권한이 없다 보니 가해 학생들의 대부분은 허위 진술과 더불어 증거를 훼손하고, 학폭위를 무력화하는 경우들이 너무 많습니다.

경찰에 고소하라는 의미는 가해 학생들의 증거 훼손 및 허위 진술을 미연에 방지하고, 해당 학교폭력 사안의 실체적 진실을 밝히기 위함입니다.

그러나 신체적 정신적 피해가 미약하거나 직·간접적인 증거가 부족할 경우에는 오히려 경찰 고소가 더 큰 시련과 고통으로 다가올 수 있습니다.

그렇기 때문에 종합적으로 검토하여 신중하게 판단하되, 발생된 학교폭력 사안이 강력 범죄에 버금가는 유형이라면 반드시 민·형사상의 고소로 강력하게 대응해야 합니다.

10 ❖

학교폭력 유형별 부모 대응 방식

    학교폭력에 대응할 때 가장 중요한 기준은 학교폭력의 유형입니다. 물론 앞서 말씀드린 바와 같이 피·가해 학생들의 연령대에 따라서 부모들이 탄력적으로 대응해야 한다고 기술하였지만, 가장 중요한 것은 피·가해 학생들의 연령대가 아닌 발생된 학교폭력의 유형입니다.

    초등학교에서 발생되는 학교폭력이 단순히 아이들 간의 관계성에서 비롯된 폭력이 아닌 흉기를 이용하여 피해 학생을 위협하고 폭력을 행사한 경우도 있습니다.

    또한 중·고등학교에서 벌어지는 학교폭력이 더 이상 학교폭력의 범주라고 인식하기 어려울 만큼 강력 범죄의 양상으로 보여지는 경우도 있습니다.

    그래서 각각의 학교폭력 유형별 부모 대응 방식에 대해서 정리하고자 합니다.

• 놀림과 언어폭력

초등학교에서 주로 발생되는 사안입니다. 특정 학생에게 지속적으로 놀림을 받고, 언어폭력을 당하여 자녀의 학교생활이 힘든 경우입니다.

이러한 사실을 알게 된 부모들은 당연히 분노할 수밖에 없고, 이 사안을 학교폭력으로 신고하여 학교폭력대책심의위원회(이하, '학폭위') 개최 요구 및 경찰에 고소하는 부모들이 있습니다.

그러나 저는 이러한 조치가 적절하지 않다고 생각합니다.

설사 이 사안이 학폭위에서 학교폭력으로 인정이 된다 하더라도, 가해 학생의 선도 조치는 미약할 것이며 특별한 불이익을 받지 않습니다.

이 사안의 핵심은 가해 학생에 대한 처벌보다 재발 방지와 상처 치유가 우선되어야 합니다.

대부분의 피해 부모들은 학폭위에서 선도 조치를 받아야 재발 방지가 될 것이라고 생각하지만, 의외로 이러한 사안이 학폭위로 넘어갈 경우 가해 학생 부모 측과 감정싸움으로 확대되어 진행 과정에서의 상처가 더 깊어질 것이기 때문입니다. 개인적으로 저는 학교전담기구를 이용하여 최대한 학교와 교사들의 처리 방식을 믿어 보시는 것이 어떨까 생각합니다.

가해 학생에 대한 재발 방지의 효과는 의외로 학폭위 선도 조치가 아닌 학교폭력의 처리 과정을 겪으면서 자연스럽게 해결되기도 합니다.

초등학교에서 발생되는 사안은 더더욱 그렇습니다.

• 사이버 언어폭력, 사이버불링(Cyber Bullying)

누구나 얼굴을 마주하지 않은 상황에서 대화를 하게 되면 대화가 격해지거나, 표현의 방식이 과장되는 경우들이 있습니다. 요즘 아이들의 일상 대화는 욕으로 시작해서 욕으로 끝나는 것이 다반사입니다.

자녀가 다른 학생에게 메신저를 이용하여 언어폭력을 당해 괴로워한다면 그 상황에 대한 인과관계를 살펴볼 필요가 있습니다. 단순히 대화상에서 감정이 격해져서 나온 표현인지, 아니면 지속적으로 자녀에게 욕을 해서 자녀를 괴롭혔는지 말입니다.

만약 가해 학생이 지속적으로 자녀에게 욕을 하고 언어폭력을 가했거나, 가해 학생이 개인이 아닌 다수의 집단일 경우에는 심각한 학교폭력으로 인식해야 합니다.

이럴 경우에는 대화 내용을 캡처하여 학교폭력으로 신고하고, 진행 과정에 따라서 학폭위 개최 요구까지 진행되어야 합니다.

• 가스라이팅(Gaslighting)

가스라이팅을 당하는 피해 학생들의 공통적인 특징 중에 하나는 친구에 대한 의존도가 상대적으로 높다는 것입니다.

보통 외동이거나 성격이 소심하고 내성적인 아이들에게 발생되는 학교폭력입니다.

오랜 시간 자신이 폭력의 피해를 받고 있다는 것을 알고 있으면서도 그러한 폭력의 피해를 부모들에게 알리지 못하는 이유는 폭력이 알려짐으로써 가해 학생과의 관계가 단절될 것이라는 두려움 때문입니다.

자녀가 가스라이팅으로 인한 학교폭력의 피해를 입었다면, 무조건 학교폭력으로 신고하여 학폭위 개최를 요구하기보다 자녀의 심리 상태를 부모가 직접 점검해야 합니다.

이 사안은 가해 학생에 대한 선도 조치가 우선이 아니라 자녀의 심리적 안정이 우선되어야 한다는 것입니다.

친구에 대한 의존도를 낮춰 주어야 하며, 자녀의 자존감 회복에 집중해야 한다는 의미입니다.

친구에게 상대적으로 의존도가 높다는 의미는 자녀의 성향과도 밀접한 관계가 있지만, 무엇보다 부모의 양육 방식에 기인할 수 있습니다.

부모와의 유대관계를 높일 수 있는 방법들에 대해서 심각하게 고민해야 하며, 자녀와의 대화를 통하여 보이지 않는 벽을 낮출 수 있도록 노력해야 합니다.

이러한 근본적인 문제 해결에 대한 접근 없이 단순히 발생된 학교 폭력 사안의 결과에만 집착할 경우 본질적인 문제 해결은 되지 않은 채, 또 다른 학교폭력에 노출되어 더 큰 상처를 입을 수 있습니다.

· 성 관련 사안

요즘에는 초등학교에서도 많이 발생합니다. 특정 부위 및 의도치 않은 신체적 접촉으로 피해 학생들이 깊은 트라우마에 시달리는 경우가 많습니다.

학교폭력에서 성 관련 사안은 무조건 교육지원청에 보고하고, 경찰에 신고가 되어야 합니다.

간혹가다가 심각한 성 관련 학교폭력 사안임에도 피해 부모들이 해당 사안을 이해할 수 없는 이유로 무마하는 경우들이 있습니다. 성 관련 학교폭력 사안은 현재의 절차대로 진행하셔야 합니다.

피해 부모들이 사건을 조용히 해결한다는 명목으로 덮어 버린다면 자녀의 상처는 더 깊어질 것이며, 가해 학생은 또 다른 성 관련 학교폭력으로 피해 학생들을 양산할 수 있습니다.

• 집단 따돌림, 왕따

여학생들에게서 가장 많이 발생되는 학교폭력 사안이자 가장 어려운 사안입니다.

이 사안이 어려운 이유는 피해 학생이 분명 존재하는데 가해 학생들의 행위를 입증할 만한 객관적인 증거 확보가 어렵다는 것입니다.

더욱이 가해 학생들은 개인이 아닌 다수이기 때문에 학교폭력 처리 과정에서 증거를 훼손하거나, 진술을 통일하여 왜곡할 가능성이 높습니다.

반면에 피해 학생은 집단 따돌림의 트라우마로 급기야 학교를 자퇴하는 상황까지 몰리게 되고, 우울증으로 가족 모두가 고통을 받을 수 있습니다.

이러한 사안이 발생되면 당연히 학교폭력으로 신고해야 하며, 학폭위 개최 요구까지 진행이 되어야 합니다.

단, 집단 따돌림에 대한 객관적인 증거 확보가 필수입니다. 증거가 확보되지 않은 채, 섣불리 학폭위 개최를 요구했다가 조치 없음이 나오거나 피해 학생이 오히려 쌍방 폭력으로 신고 되어 가해 학생으로 선도 조치가 나올 수 있습니다.

학교폭력은 가해 학생들에 대한 선도 조치가 목적이 되어서는 안 됩니다. 집단 따돌림으로 힘들어하는 자녀를 위로하고, 마음의 상처를 극복하는 데 집중해야 합니다.

• 일방적으로 폭행당했을 때

주로 남학생들에게 발생되는 학교폭력 사안입니다. 폭행 피해 사실과 상황의 인과관계를 판단할 필요가 있습니다.

조그만 갈등에서 벌어진 폭력 사건이라면 폭행의 신체적 피해가 사실 크지 않습니다.

그러나 오랜 시간 서로 간의 내재적 갈등이 쌓인 후에 감정이 폭발된 것이라면 피해 학생의 폭행 피해는 상대적으로 크게 발생됩니다.

제 상담 사례로는 일방적인 폭행으로 전치 4주 이상의 피해를 입은 경우도 있습니다.

그럴 경우에는 당연히 학폭위 개최 요구를 해야 하며 상황에 따라서는 경찰 고소도 진행해야 합니다.

그러나 가해 학생과의 관계가 좋았었고, 폭행의 피해가 크지 않았고, 우발적으로 벌어진 폭행이라면 자녀가 해당 사안을 판단하여 함께 처리할 수 있도록 피해 자녀의 의견을 존중해 주는 것도 슬기로운 해결책이라고 생각합니다.

무조건 사안을 크게 확대하여 경찰 고소 및 학폭위 개최 요구를 하는 것이 최선의 방법이 아니기 때문입니다.

• 쌍방 폭력일 때

피해 부모들과 상담을 하다 보면 자신들의 자녀가 피해 학생이라고 저에게 항변하지만, 발생된 학교폭력 사안의 이야기를 들어보면 온전히 피해 학생이라고 인식할 수 없는 경우가 많습니다.

자신의 자녀는 정당방위 차원에서 신체적 접촉이 일어났기 때문에 정당한 폭력이라고 이야기하지만, 학교폭력에서 정당방위는 쉽게 인정되기 어렵습니다.

학폭위에서는 행위를 보고 판단합니다. 수십 대를 폭행당하다가, 방어 차원에서 가해 학생과 신체적 접촉이 있었다면 쌍방으로 선도 조치되는 경우가 많습니다.

그래서 쌍방 폭력이 발생했을 경우에는 몇 가지 검토해야 될 사안이 있습니다.

피해의 정도가 어느 정도인지를 가늠해야 합니다. 만약 상대 학생과의 피해 정도가 비슷하다면 이는 학폭위 개최 요구를 하여도 큰 실익은 없습니다.

그런데 우리 자녀의 피해 정도가 훨씬 더 크다면 학폭위에서 피해 학생이지만 가해 학생으로도 선도 조치 받을 수 있다는 것을 감안하고 학폭위 개최 요구를 해야 합니다.

만약 부모가 쌍방 폭력이기 때문에 이 사안을 함부로 무마한다면 자녀의 입장에서는 억울할 수 있습니다.

더욱이 상대 학생이 오래도록 자녀를 괴롭혀 왔던 학생이었다면 자녀의 입장에서는 분노가 표출될 수 있습니다.

쌍방 폭력이기 때문에 학폭위 개최가 실익이 없다고 부모가 미리 예단하고 판단할 것이 아니라, 자녀의 생각을 충분히 들어보고 자녀가 결정할 수 있게 해 주어야 합니다.

그렇지 않고 부모가 미리 예단하여 해당 사안을 무마시킨다면 자녀는 부모를 오랜 시간동안 원망할 수 있습니다.

· 집단에 의한 폭력일 때

중학교 남학생들 사이에서 종종 발생되는 사안입니다. 소위 말하는 일진 학생들은 직접적으로 아이들에게 폭력을 행사 하지 않습니다. 오히려 직접적인 폭력보다 폭력을 조장하고 사주하는 경우들이 많습니다.

즉 자신들의 마음에 들지 않는 아이를 특정 짓고, 그 아이를 다른 아이들에게 이간질 하여 두 아이들이 싸우게끔 상황을 조성합니다. 그리고 싸우는 현장에서 구경하며 조롱하고, 폭행 영상을 촬영하는 경우가 있습니다.

이럴 경우 폭행을 당한 피해 학생은 폭행을 한 가해 학생에 대해서만 학교폭력으로 신고하는 경우가 많습니다.

그러나 이 사안은 실제 폭행을 한 가해 학생을 포함해서 이러한 폭력 사건이 일어나도록 폭력을 주도하고 사주한 학생들도 함께 선도 조치되어야 합니다.

만약 폭행을 주도하였던 아이들이 선도 조치를 받지 못한다면 또다시 2차 가해를 당할 수 있습니다.

단순히 폭력을 행사한 아이 외 폭력을 주도하고, 방관하고, 조롱하였던 주변의 아이들까지 모두 학교폭력으로 신고해야 추후에 일어날 2차 가해를 예방할 수 있습니다.

· 금품 갈취 및 협박

예전에 금품 갈취는 오로지 현금이었습니다. 그러나 요즘은 다양한 방식으로 진화되고 있습니다.

피해 학생의 SNS계정을 이용하여 게임 아이템을 갈취하거나, 인터넷 뱅킹을 이용하여 게임 머니를 충전하거나, 자신이 쓰던 물건을 고가의 가격으로 판매하는 경우들도 있습니다.

금품 갈취는 강력 범죄로 인식되어야 합니다. 단순히 아이들의 장난이라고 치부하기에는 지능적이고 교묘합니다.

중학교 1학년 아들이 지속적으로 다른 학교 동년배 학생에게 협박을 당하고 돈을 뺏겼습니다.

당연히 이 사안은 경찰에 고소되어야 하고, 학폭위 개최 요구를 해야 함에도 불구하고 피해 학생의 아버지는 가해 학생의 아버지에게 갈취 당한 현금을 되돌려 받는 선에서 이 사안을 일방적으로 무마했습니다.

그 당시 상황을 전해 듣고 저는 다음과 같이 우려를 전달했습니다.

피해 자녀는 그동안 가해 학생에게 지속적으로 협박과 위협을 당했는데 그러한 공포와 상처들이 회복되지 않은 상황에서 부모가 일방적으로 합의하게 된다면 아들은 부모에 대한 신뢰감을 상실했을 것이고, 부모가 가해 학생이 보복할 수도 있을 것이란 두려움을 가지고 있다는 것을 자녀가 알게 되면 자녀는 오히려 더 큰 공포감으로 위축될 가능성이 높다고 말입니다.

금품 갈취와 협박은 단순한 학교폭력 사안이 아닙니다.

부모가 섣불리 이 사안을 간과했다가 자녀에게 돌이킬 수 없는 상처를 줄 수도 있습니다.

현실에서 발생되는 학교폭력은 한 가지 사안이 아닌 여러 사안이 복합적으로 얽힌 경우가 많습니다.

그러다 보니 피해 부모들의 입장에서 어떻게 대응해야 할지 참 난감합니다.

이때 가장 중요한 것은 피해 자녀의 의견입니다.

발생된 학교폭력 사안에 대한 유형을 부모들이 판단하고, 각각의 진행 과정에서 발생될 수 있는 경우의 수를 자녀들과 함께 공유하시기 바랍니다.

그리고 부모는 자녀들의 선택과 판단을 존중해야 합니다.

11:

학교폭력 증거 수집 방법

학교폭력이 발생되면 학교에서 사안 조사를 진행하게 됩니다. 그러나 현재의 학교는 강제 조사권한이 없습니다.

몇 년 전만 하더라도 가해 학생이 사안 조사에서 거짓말을 하거나 허위로 진술할 경우, 학교의 학교폭력 전담 교사는 가해 학생에게 진실을 말하라고 종용할 수 있었습니다.

그러나 현재는 가해 학생이 허위로 진술을 하여도 교사가 제재할 수가 없습니다.

학교는 피·가해 학생의 진술을 바탕으로 사실조사를 할 뿐입니다. 그러다 보니 대부분의 학교폭력 사안은 피·가해 학생의 진술이 상반되며, 사실조사 단계에서 실체적 진실에 접근하지 못한 채 그대로 학교폭력대책심의위원회(이하, '학폭위')에 안건이 올라가게 됩니다.

학교에 강제 조사권한이 없다는 사실은 많은 문제점을 야기합니다.

잘못하다가는 가해 학생들의 허위 진술 및 증거의 조작으로 피해 학생이 억울하게 누명을 쓰고 가해 학생으로 선도 조치 받을 수 있기 때문이다.

이는 단순히 학교의 권한의 문제가 아니라 현재 학교폭력 시스템 전반의 문제입니다.

그래서 발생된 학교폭력 사안에 대한 증거 확보가 중요한 것입니다. 피해 학생 부모들이 발생된 학교폭력 피해에 대한 입증 여부에 따라 학폭위 선도 조치가 결정되기 때문입니다.

그러나 안타깝게도 대부분의 학교폭력 사안은 직·간접적인 증거가 미약합니다.

폭행을 당했지만 폭행 장면이 녹화되어 있는 CCTV 영상이 없는 경우들이 많고, 집단 따돌림을 당했지만 따돌림의 직접적인 증거가 없는 경우들이 허다합니다.

피해 학생 부모들은 학교폭력이 발생할 당시에 목격한 학생들의 녹취록에 근거해서 증거 자료로 제출하지만, 막상 학교폭력에 대한 조사가 진행이 되면 목격 학생들의 진술이 번복되는 경우가 많습니다.

이는 가해 학생에 대한 보복의 두려움과 자신의 자녀가 학교폭력에 연루된다는 부담감 때문에 목격 학생들의 부모가 목격 진술을 거부하기 때문입니다.

이에 학교폭력 유형에 따라서 증거 확보 방법에 대해서 이야기하고자 합니다.

가해 학생에게 폭행을 당했다면 가장 먼저 병원에 방문하여 신체적 피해에 대한 상해 진단서를 발급 받아야 합니다.

물론 진단서 자체가 직접적인 증거라고 이야기 할 수 없습니다. 그러나 추후에 폭행에 대한 인과 관계가 밝혀진다면 이는 당연히 간접적인 증거로 인식될 수 있습니다.

육하원칙에 따라 폭행을 당한 내용을 상세히 의사에게 진술해야 합니다. 그래야만 진단서에 어떤 인과관계로 신체적 상해를 입었는지 기록됩니다.

이는 추후 학폭위에서 폭행에 대한 인과 관계를 성립할 수 있는 증거 자료가 됩니다.

폭행 장면이 CCTV에 저장되었는지 확인해야 합니다.

폭행 사건에서 CCTV 영상은 직접적인 증거 자료입니다. 명확하게 폭행에 대한 영상이 그대로 남아 있다면 이는 추후에 형사 고소로도 진행할 수 있으며, 해당 학교폭력 사안의 결정적인 증거가 될 것입니다.

만약에 설치된 CCTV가 학교나 지자체에서 운영하는 것이라면 행정정보 공개 신청을 통하여 해당 영상 자료를 확보할 수 있으며, 별도로 경찰에 고소하여 경찰이 증거 자료로 채택할 수 있도록 해야 합니다.

해당 CCTV가 사유 공간에서 운영(편의점, 식당, 상가 등)하는 것이라면, 별도로 피해 부모가 그 영상을 저장할 수는 없습니다.

그럴 경우 해당 경찰서에 신고하여 경찰 입회하에 해당 영상을 확인한 후, 경찰이 영상을 확보할 수 있도록 조치를 취해야 합니다.

급한 마음에 피해 부모들이 사유 공간에서 운용되는 CCTV 영상을 함부로 저장하였다가는 추후에 가해 학생 측 부모들에게 법률적인 이슈로 공격 받을 수 있습니다.

또한 자녀가 폭행으로 상처를 입었다면 상처의 부위를 사진으로 찍어 구체적인 피해 사실을 남겨 놓을 필요가 있습니다. 그리고 폭행 당시에 목격자가 누가 있었는지를 확인해야 합니다.

물론 목격 학생 모두가 사실대로 이야기할 가능성은 높지 않습니다. 가해 학생과의 친분 여부에 따라 가해 학생의 보복이 두려워 사실을 왜곡하기도 합니다.

그렇다 하더라도 목격 학생이 누가 있었는지를 특정해야 하고 추후 학교폭력으로 신고 되었을 때, 학교 측에 특정된 목격 학생에 대해서 이야기하고 그들의 목격 진술서를 확보할 필요가 있습니다.

목격 학생이 많으면 많을수록 더 유리할 수 있습니다.

만약 목격 학생이 1~2명이라면 가해 학생 측에서 회유하여 진술을 훼손할 수 있겠지만, 목격 학생이 많다면 그 인원 모두를 회유하기는 어려울 것입니다.

사이버 언어폭력일 경우에는 SNS 또는 메신저 상에서 나누었던 대화 자체를 증거로 활용할 수 있습니다.

만약 지속적인 사이버 언어폭력으로 자녀가 피해를 입었다면 자녀의 휴대폰을 확인하여 대화 내용들을 캡처하고, 그 내용들을 증거 자료로 제출하면 됩니다.

지금까지 신체 폭행과 사이버 언어폭력에 대한 증거 자료 확보에 대해서 말씀을 드렸습니다.

그러나 앞에서도 말씀 드렸다시피 학교폭력에서 증거를 확보하는 것은 쉽지 않습니다.

엄연히 신체 폭행을 당했음에도 그것을 증명할 수 있는 CCTV 영상이 존재하지 않는 경우가 많으며, 집단 따돌림과 교묘한 괴롭힘은 발생된 학교폭력의 실체적 진실을 소명할 만한 증거가 미약하기 때문입니다.

그래서 학교폭력으로 인하여 피해를 당했음에도 불구하고 증거 불충분으로 학폭위에서 선도조치 결과가 조치 없음으로 나오는 경우가 많습니다.

직·간접적인 증거가 미약할 경우에는 정황 증거와 진술의 일관성을 통하여 실체적 진실을 소명해야 합니다.

학교폭력으로 신고하게 되면 피해 학생 측은 사실 확인서와 부모 확인서를 작성하게 됩니다.

사실 확인서는 피해 학생이 학교폭력으로 피해당했던 사실을 기술합니다. 사실 확인서를 작성할 때는 되도록이면 육하원칙에 따라 자세하게 작성하는 것이 좋습니다.

최초 작성한 사실 확인서의 내용은 그대로 학폭위에 보고가 되고, 향후 학폭위 참석 시, 심의 위원들은 자녀들이 작성한 사실 확인서를 바탕으로 질의를 하게 됩니다.

사실 확인서 자체가 자세하게 기술되어 있고, 피해 학생의 진술이 사실 확인서와 일관되게 진술한다면 이는 사실로 인식할 가능성이 높습니다.

사실 확인서는 자세하게 기술되어야 하며, 자녀의 진술도 최초 작성한 사실 확인서를 토대로 일관되게 이야기해야 합니다.

피해 학생 부모들은 해당 학교폭력 사안의 인과 관계를 명확히 알고 있어야 합니다.

단순히 자녀의 이야기만 듣고 해당 학교폭력 사안을 인지하게 된다면, 추후 학폭위에서 상대 학생 측의 예상치 못한 주장에 당황해할 수 있으며 제대로 답변을 하지 못할 수도 있습니다. 자녀의 진술을 기초로 부모가 앞뒤 상황의 인과 관계를 인지해야 하며, 합리적인 의심이 되는 부분은 자녀와 함께 다시 한번 확인을 해야 합니다.

더욱이 집단 괴롭힘, 따돌림은 쉽게 눈에 드러나지 않기 때문에 객관적인 증거 자료를 제출하기가 어렵습니다.

그럴 경우에는 지속적으로 가해 학생 측이 괴롭힌 행위에 대해 나열하여 자세하게 이야기할 필요가 있습니다.

그러한 부분들이 제대로 소명되지 않을 경우에 괴롭힘의 행위를 학폭위에서는 학생들 간의 관계에서 나오는 부득이한 현상이라고 판단할 수 있습니다.

학교폭력 처리 절차에서 가장 중요한 것은 직·간접적인 증거입니다. 그러나 현실에서 그러한 증거를 확보하는 것은 쉽지 않습니다.

직·간접적인 증거 확보가 어렵다고 판단될 경우 정황 증거를 충분히 활용해야 합니다.

계속해서 강조하지만 정황 증거를 활용하기 위해서는 피해 학생 부모가 발생된 학교폭력 사안의 전반적인 내용과 상황의 인과관계를 명확히 인식해야 합니다. 자녀의 상처로 망연자실해하고 감정적인 분노를 표출하기보다는, 부모가 보다 이성적인 대응으로 발생된 학교폭력의 인과관계를 명확하게 인지하여 피해 자녀에게 억울함이 없도록 해야 합니다.

해당 학교폭력 사안의 실체적 진실을 뒷받침 할 수 있는 정황 증거의 활용과 진술의 일관성을 꼭 기억하시기 바랍니다.

12:⁜

학교폭력대책심의위원회
참석 안내문이 중요한 이유

    대부분의 학교폭력은 학교폭력대책심의위원회(이하, '학폭위')에 쌍방폭력의 안건으로 상정이 됩니다.

    피해 부모들의 입장에서는 당연히 억울할 수밖에 없습니다. 분명 가해 학생의 학교폭력으로 인하여 자녀가 정신적, 신체적 피해가 상당함에도 가해 학생 측은 억지 논리를 주장하며, 허위로 거짓의 일을 꾸며 피해 학생을 오히려 가해 학생으로 쌍방 신고를 하기 때문입니다.

    저는 실제로도 겪어 봤고 상담했던 피해 부모들 대부분이 겪었던 일이라 당연한 것처럼 여겨지지만, 처음 겪는 피해 학생의 부모들은 이러한 학교폭력의 현실을 이성적으로 받아들이지 못합니다.

    거친 분노를 표현하는 경우도 있고, 우울감과 억울함으로 하루하루 지옥 같은 시간을 보내는 경우도 있습니다.

그러나 우리는 현실을 분명히 마주해야 합니다.

아무리 우리 자녀가 피해 학생이라고 항변하여도 학폭위에서 피해 주장에 부합되는 논리적인 근거들을 제시하지 못하면 원하는 결과를 기대할 수 없습니다.

게다가 피해 부모들이 학폭위에서 피해 자녀의 억울한 상황을 올바르고 정당하게 판단해 줄 것이라고 믿고 기대하다가 또 다른 상처를 입을 수도 있습니다.

분노와 현실적인 대응은 철저히 구분되어야 합니다.

아무리 우리의 억울함을 이야기한다 하여도 제3자인 학폭위 심의 위원들에게 어필이 되지 않는다면 우리의 주장은 무용지물이 될 수 있습니다.

그래서 학폭위 참석 안내문의 중요성을 이야기하고자 합니다. 참석 안내문에는 사안 내용이 있습니다.

사안 내용은 피해 학생과 가해 학생이 주장하는 내용들이 각각 기재되어 있습니다. 학교에서 조사한 사실 조사를 바탕으로 학교폭력 장학사가 각각의 상반된 진술을 요약하여 사안 내용으로 작성합니다.

사안 내용이 바로 학폭위 심의 안건입니다. 사안 내용을 기초로 학폭위 심의 위원들이 피해 학생과 가해 학생에게 질의를 합니다.

사안 내용에는 가해 학생 측이 주장하는 내용이 들어 있습니다. 가해 학생 측에서 어떤 주장을 하는지, 사안 내용을 보고 인지할 수 있습니다.

피해 부모는 그 사안 내용을 보고 소명할 수 있는 합리적인 근거를 제출해야 하고, 질의응답의 전략을 수립할 수 있습니다. 이때 사안 내용을 학교폭력 장학사가 임의적으로 수정, 왜곡할 수 없습니다.

학폭위 참석 안내문은 국가 행정 기관이 발급한 공문서입니다. 해당 장학사가 함부로 학교폭력 사안을 은폐, 왜곡할 수 없습니다.

만약 피해 학생 측이 주장하는 피해 사실에 대해서 임의적으로 학교폭력 장학사가 축소, 왜곡하여 기재하였다면 이는 강력히 항의해야 할 사안입니다.

사안 내용이 축소, 왜곡되었다면 학교폭력 장학사에게 수정 및 재발송을 요구할 수 있습니다.

대부분의 학교폭력 장학사들은 이러한 피해 부모들의 요구사항을 관례를 이야기하며 받아주지 않습니다.

그러나 교육지원청은 해당 학교폭력에 대한 중립의 의무가 있으며, 절차상의 공정성을 유지해야 할 의무가 있습니다. 해당 학교폭력 장학사가 학생들의 미래를 좌우할 학교폭력 사안의 내용을 임의적으로 축소, 왜곡했다면 이는 절차상의 공정성을 위반했다는 의미와도 같습니다. (참고로 저의 아들이 학교폭력을 당했을 때 해당 학교폭력 장학사의 축소, 왜곡된 표현을 학폭위 참석 안내문에서 발견하였고, 이를 강력히 항의하여 수정된 참석 안내문을 다시 받았습니다.)

학폭위 참석 안내문을 허투루 보시면 안 됩니다.

그 참석 안내문에는 해당 학폭위 심의 안건이 포함되어 있으며, 심의 위원들이 질의할 주제가 표기되어 있습니다.

그리고 가장 중요한 피해 학생 부모들이 소명해야 할 가해 학생 측의 주장이 담겨 있습니다.

쌍방폭력으로 학폭위에 안건이 상정되었다는 것에 분노하기보다 가해 학생 측의 주장에 반박할 수 있는 대응 논리를 찾아야 합니다.

부디 감정적 분노와 이성적 대응을 구분하시기 바랍니다.

13:

기회는 단 한 번

"소장님, 오늘 학교폭력대책심의위원회(이하, '학폭위')에 잘 다녀왔습니다."

"네, 준비하신 이야기는 모두 다 하셨나요?"

"아니오, 소장님께서 준비해 주신 멘트는 하지도 못하고 나왔습니다."

"제가 그렇게 신신당부를 했는데, 왜 말씀을 못하셨어요?"

"그냥 학폭위 분위기에 휩쓸리다 보니까 제가 많이 위축이 된 것 같아요."

"그래서 제가 주의 사항을 미리 말씀드렸던 것인데……."

"그러니까요. 그래서 너무 후회가 됩니다. 소장님께서 도와주셨는데….."

"할 수 없죠. 그래도 일단 최후 발언에 대한 내용을 별도로 제출했으니까 아마도 학폭위 심의 위원들이 다 읽어 봤을 겁니다. 부모 최후 발언 때 이야기했으면 더 좋았겠지만 제출한 자료가 충분히 논리적인 근거를 갖고 있으니 너무 자책하지는 마세요."

"그래도 너무 후회스럽습니다. 제가 하고 싶은 이야기를 다 하고 나오지 못해서요."

"일단 결과를 지켜봅시다."

최근 학폭위에 참석한 피해 어머니의 이야기입니다.

벌써 이런 이야기들을 몇 번째 듣고 있는지 모르겠습니다.

기본적으로 저와 꾸준히 상담하셨던 어머니들에게는 학폭위 참석 전에 카카오톡으로 주의 사항을 보내 드립니다.

심지어는 그 전날 발언할 이야기들에 대해서 제가 다시금 정리해서 말씀을 드리는데도, 막상 학폭위에 참석한 어머니들은 학폭위 분위기에 위축되어 제대로 이야기를 하지 못하고 나오는 경우가 많습니다.

다행히 해당 학교폭력 사안은 소명 자료와 스토리텔링이 잘 갖추어져서 제출되었고, 사안 자체가 심각하지 않았기 때문에 피해 어머니의 발언과는 상관없이 원하는 결과를 모두 얻을 수 있었습니다.

다시 한번 학폭위 참석 전에 숙지해야 될 사항을 정리해서 말씀을 드립니다.

학폭위는 실체적 진실을 밝히는 곳이 아닙니다.

대부분의 부모들은 학폭위에서 학교폭력 사안의 실체적 진실을 밝혀 줄 것이라고 기대합니다.

그러나 학폭위에서는 실체적 진실을 밝힐 만한 권한을 갖고 있지 않습니다. 명확한 폭행 장면이 담긴 CCTV 영상이 존재함에도 개인정보 이슈로 인하여 학폭위에서는 그 CCTV 영상을 보지 않고 심의를 진행하는 경우들이 비일비재합니다.

또한 수사 기관이 아니기 때문에 해당 CCTV 영상을 확보할 수도 없습니다.

그저 제출된 증거와 정황을 기준으로 판단을 내릴 뿐입니다.

더욱이 양측의 상반되고 첨예한 주장을 20~30분 만에 심의하여 가부를 판단하기에는 물리적인 시간이 너무 부족합니다.

학폭위는 재판이 아닙니다.

일반적으로 피·가해 학생의 죄를 묻고 책임을 추궁하는 곳이 아닙니다. 그런데 대부분의 피해 부모들은 마치 학폭위 심의 위원들의 드라이한 질의가 여죄를 묻는 것으로 착각하는 분들이 많습니다.

그러다 보니 심의 위원들의 질의에 위축되어 제대로 답변을 하지 못하거나, 답변을 하더라도 혹시 나의 답변이 심의에 크나큰 영향을 끼치는 것은 아닌지 조심스러워합니다.

하지만 학폭위는 그저 양측의 주장에 대해서 소명하는 자리입니다. 부모들이 위축될 이유가 전혀 없습니다.

학폭위는 제출된 증거 자료를 바탕으로 판단할 뿐입니다.

만약 가해 학생 측의 주장에 부합하는 증거 자료들이 더 많고 합리적이라면, 가해 학생은 선도 조치 결과가 미약하거나 조치 없음으로 끝날 것입니다.

설사 그들이 거짓말을 해서 증거 자료들을 훼손하였다 하더라도 학폭위 심의 위원들은 조작된 증거 자료의 진위 여부를 판단하는 것이 아니라 그들의 주장이 부합하냐, 부합하지 않느냐를 따질 뿐입니다.

피해 학생이라고 하더라도 피해 사실에 대한 증거(진단서 등)만을 제출할 경우에는 폭력의 인과 관계에 대해서 학폭위에서 판단할 수 없습니다.

그렇기 때문에 피해 부모가 학교폭력의 인과 관계에 대해서 제대로 소명하지 못한다면, 자칫하다가 피해 학생이 존재함에도 해당 학교폭력 선도 조치 결과가 조치 없음으로 끝날 수 있습니다.

학폭위에서 감정의 표현은 금물입니다.

대부분의 피해 부모들은 학폭위에서 자녀의 상처에 대해서만 감정적으로 이야기합니다.

그러다 보니 인과 관계에 대한 소명과 논리를 바탕으로 이야기하는 것이 아니라, 그냥 울다가 나오거나 감정에 북받쳐 감정적인 언어로만 이야기하고 나오는 경우들이 많습니다.

일전에도 제가 이야기한 적이 있지만 학폭위 심의 위원들은 하루에도 몇 번씩 그러한 피해 부모들을 만나고 심의를 합니다. 섣부른 감정의 표현은 오히려 심의 위원들에게 역효과가 날 수 있습니다.

학폭위는 심의 위원들에게 해당 사안을 소명하고 설득하는 자리이어야만 합니다.

심의 위원들의 일부도 부모입니다. 그들이 피해 가족의 상처에 얼마만큼 감정이입을 하느냐가 관건입니다.

그렇기 때문에 학폭위에 참석하기 전에 발생된 학교폭력에 대해서 어떤 논리로, 어떻게 소명할 것인지 전략을 세워야 합니다.

그러한 기본적인 전제 사항이 준비되지 않는다면 학폭위에서 원치 않는 결과를 받을 수 있습니다.

학폭위에 참석해서 위축되지 마세요. 그 누구도 피해 자녀와 부모들에게 위압감을 줄 수 없습니다.

피해 가족의 일원으로 우리 자녀의 피해 상황을 침착하게 이야기하고, 되도록이면 감정의 언어는 지양하시기 바랍니다.

학폭위를 준비하는 기간에 해당 학교폭력 사안에 대해서 끊임없이 스토리텔링을 해야 하고, 각각의 시나리오를 준비해야 합니다.

학폭위에서 어떤 이야기를 할 것인지, 어떻게 소명할 것인지, 해당 학교폭력 사안의 가장 중요한 핵심 포인트가 무엇인지 등을 하나둘씩 생각하고 준비해야 합니다.

증거가 많다고 학폭위에서 꼭 유리한 것은 아닙니다.

증거가 많을수록 학폭위 심의 위원들이 제출된 증거를 꼼꼼히 검토하지 못한 채 심의를 진행할 가능성이 높습니다.

그래서 사안이 복잡할수록 해당 학교폭력 사안의 요약과 핵심 포인트에 대한 정리가 필요합니다.

수십 장에 달하는 증거보다 5~6장으로 요약된 문서가 더 중요할 수 있다는 이야기입니다.

물론 그렇게 정리된 문서가 선도 조치 결과에 큰 영향을 줄 수 있을지는 장담할 수 없겠지만, 적어도 저의 상담 사례에서는 일정 부분 영향을 끼쳤다고 생각합니다.

여기서 가장 중요한 것은 학폭위에 함께 참석한 자녀가 부모들을 지켜보고 있다는 것입니다.

부모가 논리적으로 대응하는 모습을 보고 자녀는 위로받고, 부모에게 신뢰감을 쌓는 계기가 됩니다.

기회는 단 한 번입니다.

아무 준비 없이 참석하였다가 나중에 후회하면 소용이 없습니다. 부디 그 기회를 잘 활용하시기 바랍니다.

14:

거짓으로 얼룩진 그들의 향연

"소장님, 이제서야 학교폭력대책심의위원회(이하, '학폭위') 회의록을 열람하였습니다."

"네, 다 읽어 보셨나요?"

"그런데 가해 학생 측의 주장은 모두 다 거짓입니다. 그들이 학폭위에서 반성할 것이라고 기대하지는 않았지만 어떻게 그런 거짓말을 할 수 있는지 회의록을 읽는 내내 심장이 너무 빨리 뛰고 손발이 떨려서 감정을 제어하기 힘들었습니다."

"충분히 예상했던 일들이잖아요?"

"그래도 소장님 어떻게 있지도 않은 일들을 저렇게 꾸며서 이야기할 수 있는지 정말 치가 떨립니다. 그들의 주장대로라면 우리 아들이 세상에서 가장 나쁜 사람으로 인식될 만큼 온갖 거짓과 소설로 우리 아들을 폄훼하는데 어떻게 하면 좋을까요?"

"자 일단 진정하시고, 제가 어머님께 회의록을 열람하라는 이유가 있습니다. 학폭위 심의 회의록을 통해서 다시금 마음을 다지는 계기가 되기를 바라기 때문입니다."

"도대체 이 고통은 언제 끝날까요?"

"멘탈이 무너지면 끝나지 않습니다. 지금부터 마음 관리를 잘하세요."

학폭위가 끝나고 선도 조치 결과를 받고 나면 저는 피해 부모들에게 학폭위 회의록 공개 열람을 신청해서 꼭 읽어 보라고 이야기합니다.

이미 선도 조치가 나온 이상 회의록을 보는 것이 무슨 의미가 있냐고 반문하겠지만, 제가 강력하게 열람 신청을 해서 읽어 보라고 하는 이유는 다음과 같습니다.

첫 번째, 해당 학폭위에 선도 조치 결과를 내리기 위한 과정상의 절차적 위반 여부를 확인하라는 의미입니다.

학폭위에 참석한 심의 위원들이 선도 조치 결과를 내리기 위하여 어떤 이야기들이 오고 갔는지, 행여나 진행 과정상에서 절차를 위반한 사안은 없는지, 심의 위원들이 해당 사안을 왜곡하여 심의하지는 않았는지 회의록을 통해 확인할 필요가 있습니다.

이는 단순히 절차에 대한 과정을 확인하라는 의미를 넘어 학폭위 결과에 불복한다면 행정심판 신청의 중대한 사유가 될 수 있기 때문입니다.

두 번째, 가해 학생 측의 반성하지 않는 뻔뻔한 태도를 보고 마음을 다지는 계기가 되라는 의미입니다.

대부분의 가해 학생 측은 학폭위에서 반성하는 모습보다는 온갖 거짓말로 사안의 본질을 흐리고, 있지도 않은 일들을 거짓으로 꾸며 자신들이 오히려 피해 학생인 것처럼 주장합니다.

더욱이 폭력의 원인을 오히려 피해 학생에게 전가하는 가해 학생 부모들도 있습니다.

그러한 회의록을 피해 부모들이 읽어 보게 되면 끓어오르는 분노로 또 다른 트라우마가 생기기도 합니다.

그럼에도 제가 강력하게 회의록 열람을 권유하는 이유는 그러한 분노가 다시금 마음을 다지는 계기가 되어야 하기 때문입니다.

학교폭력 피해 부모들이 처음에는 민·형사상의 책임을 가해 학생 측에게 묻겠다고 다짐하면서도 막상 학폭위가 끝나고 나면 차일피일 미루고 흐지부지 되는 경우들이 있습니다.

민·형사상의 고소를 하게 되면 시간이 많이 소요된다는 생각과 같이 자녀를 키우고 있는 부모의 입장이라는 생각으로 용서와 화해를 입에 올리게 됩니다.

그러나 용서와 화해는 피해가 복구되었다는 전제하에 이루어집니다.

저는 지속적으로 피해 부모들에게 가해 학생 측에 대한 민·형사상의 책임을 물어야 한다고 강조합니다.

학폭위 회의록이 피해 부모들에게 또 다른 트라우마가 될 수는 있겠지만, 그 트라우마가 가해 학생에게 끝까지 책임을 묻겠다고 마음을 다지는 계기가 되기 바랍니다.

마음이 약해지면 안 됩니다.

곰곰이 생각해 보면 역사적으로 우리 사회는 국가적 재난이 생길 때마다 늘 사회적 약자에게 고통과 희생을 강요하였습니다.

함부로 용서와 화해, 희생을 강요하는 자들이 바로 불공정한 사회를 만드는 세력입니다.

그들에게 최소한의 도덕적 규범을 지키지 않은 것에 대해서 사회적으로 합의된 책임을 묻게 해야 합니다.

그래야 우리 사회가 더 건강해질 수 있는 겁니다.

15 ⟡

믿을 수 없는 학폭위 결정, 불복할까?

기본적으로 저는 학교폭력 피해 상담을 하면서 피해 부모들에게 행정 심판을 권유하지 않습니다.

이해할 수 없는 학교폭력대책심의위원회(이하, '학폭위')의 결정을 받고 나서 망연자실하는 피해 부모들을 보면 가슴이 아픈 것은 사실이지만, 그렇다고 함부로 그분들에게 행정심판을 권유할 수 없습니다.

그 이유는 다음과 같습니다.

행정 심판을 신청하는 것이 또 다른 고통일 수도 있기 때문입니다. 현재 학교폭력 처리과정의 흐름상 행정 심판은 학폭위의 결정을 최대한 존중하는 추세입니다.

만약 행정 심판의 인용률이 높게 되면, 이는 학폭위의 존재를 부정하는 것과 같습니다.

우리가 일반적으로 1심 재판, 2심 재판을 진행하는 데 있어서 2심 재판이 1심 재판의 결과를 뒤엎는 결정이 나오게 된다면, 이는 결론적으로 법원의 존재를 무력화하는 것과 같습니다.

그래서 2심 재판은 1심 재판을 뒤엎을 만한 결정적 증거(smoking gun)가 없거나, 재판 진행상의 불법적인 요소가 없다면 대부분의 재판은 1심 재판의 연장선으로 진행이 되는 겁니다.

물론 학폭위는 정식 재판의 과정은 아니나 기본적인 프로세스는 동일하다고 생각합니다.

그래서 행정 심판의 인용률이 그다지 높지 않습니다.

인용률이 높지 않다고 해서 모든 부모들에게 행정심판을 부정적으로 이야기하는 것은 아닙니다.

학폭위 회의록을 면밀히 살펴보고 심의 위원들이 왜곡된 심의 결정을 했다는 결정적인 논리의 오류가 발견되었거나, 피해 학생 측의 유리한 증거들이 반영되지 않았거나, 심의 위원들이 사안을 제대로 파악하지 못한 상태에서 심의를 진행했다고 의심되거나, 피해 자녀들이 너무나 억울해한다면 제가 먼저 피해 부모들에게 행정 심판을 이야기하기도 합니다.

단, 행정 심판에 기대감을 갖기보다 그러한 일련의 과정을 겪으면서 부모는 자녀를 위하여 최선을 다하는 모습을 보여 주고, 자녀들에게 제도권 내에서 기본적인 권리를 행사하는 과정을 보여 주기 위함입니다.

그런데 자꾸만 행정 심판에 환상을 갖는 부모들이 있습니다. 이는 일부 학교폭력 전문가들 때문이라고 생각합니다.

인터넷으로 학교폭력 전문가를 검색하면 수많은 전문가들이 학교 폭력의 위험성을 이야기하며, 행정 심판에 대한 인용률을 아무렇지 않게 광고를 합니다. 그런데 그러한 광고는 잘 보셔야 합니다.

자신들이 행정 심판을 진행하여 인용률이 높다고 광고하는 대부분 의 행정 심판은 2020년 이전의 일들입니다.

이는 굉장히 중요한 포인트입니다.

2020년 이전에는 학교폭력이 발생하면 지금처럼 교육지원청에서 운영하는 '학교폭력대책심의위원회'가 심의를 진행한 것이 아니라, 각 학교의 주관으로 '학교폭력자치위원회'에서 심의를 진행하였습니다.

그러다 보니 학교장 등 외부의 입김에 영향을 받기도 하고, 심의 위 원들의 자질도 턱없이 부족했으며, 절차상의 위반들도 상당히 많았습 니다.

이러한 이유 등으로 인해 2020년 이전에는 행정 심판의 인용률이 현재보다 높을 수밖에 없는 상황이었습니다.

그러나 2020년 이후부터는 교육지원청 주관하에 학폭위가 운영이 되다 보니 절차상의 위반이나 외부의 입김이 상대적으로 낮아졌습 니다.

행여나 인터넷 검색으로 학교폭력 전문가들의 광고를 보고 동요하지 마시기 바랍니다.

만약 여러분들이 학교폭력 상담을 하다가 학교폭력 전문가들이 먼저 행정 심판을 운운하고, 자신들의 행정심판 인용률을 자랑 삼아 이야기한다면 이는 피해 가족들에게 경제적 이득을 취하기 위한 고도의 마케팅 상술일수도 있다는 것을 참조하시기 바랍니다.

개인적으로 절차상의 위반이 없거나, 학폭위의 결정을 뒤엎을 만한 결정적인 증거(smoking gun)가 없다면, 억울하지만 학폭위의 결정을 받아들일 수밖에 없다고 현실적으로 이야기합니다.

분명 피해 부모들이 억울할 수밖에 없는 상황이지만, 지금 집중해야 하는 것은 행정 심판이 아니라 학교폭력으로 인해 힘들어하는 자녀의 상처 치유입니다.

우리 자녀와의 유대관계를 어떻게 더 친밀하게 할 것인지, 자녀들의 상처를 어떻게 보듬어 주어야 할지를 고민하고 자녀에게 집중해야 한다는 의미입니다.

행정 심판을 하는 것이 자녀들의 상처 치유에 도움이 될 것이라고 생각하는 부모들도 있지만, 자녀들의 상처 치유는 행정 심판의 결과가 아니라 부모의 존재와 역할에서 치유가 되는 것입니다.

16:

뻔뻔해질 필요가 있다

"자, 이제부터는 학교폭력대책심의위원회(이하, '학폭위') 선도 조치 결정문을 근거로 민사 소송을 준비해야 합니다.

어머님의 정신과 진단서, 남편의 정신과 진단서, 자녀의 정신과 진단서를 준비하세요.

가끔가다 정신과에 다녀온 병원 이력이 혹시나 사회생활 하는 데 불이익을 당하지 않을까 걱정하는 부모들이 있는데 그런 걱정은 안 하셔도 됩니다.

개인의 의료 기록은 최고의 보안 등급으로 설정되어 있어 본인의 동의 없이는 절대로 열람할 수 없습니다."

"네 알겠습니다."

"시간이 다소 걸리더라도 어머님이 의지를 가지고 진행하셔야 합니다."

"그런데 소장님! 처음에는 소장님 말씀대로 하려고 했었는데 시간이 지날수록 회의감이 듭니다. 굳이 얼마 안 되는 비용을 가지고 민사소송으로 청구해야 하는지에 대한 생각과 괜히 저희가 민사 소송을 하면 마치 돈을 바라고 진행하는 것 같은 인식을 줄 것 같아서 다소 망설여지기는 합니다."

"저는 얼마 안 되는 비용이라 하더라도 민사 소송을 진행해야 한다고 생각합니다. 이미 가해 학생 측의 뻔뻔한 민낯을 보셨잖아요. 그들은 정상적인 언어로 대화할 수 있는 상대가 아닙니다. 더욱이 현재의 학교폭력 시스템에서는 학폭위 선도 조치가 낮게 나오기 때문에 가해 학생에게 큰 불이익이 없습니다.

그렇다면 가해 학생 측에게 사회적 처벌을 내려야 한다고 생각합니다. 사회적 처벌이란, 가해 학생을 잘못 키운 것에 대한 책임을 부모에게 묻는 것이고, 그러한 처벌을 받아야 가해 학생과 그 부모들은 자신들의 잘못을 조금이라도 뉘우치겠죠?"

"네 어떤 말씀인지 잘 알고 있습니다."

"민사 소송은 시간이 걸릴 것입니다. 그래도 진행해야 한다고 말씀드립니다. 시간이 오래 걸릴수록 우리에게는 더 좋습니다. 그들은 아마도 학폭위 선도 조치 결정문을 받고 나서 모든 것이 다 끝났다고 방심하고 있을 것입니다.

그렇게 잊혀질 때쯤에 소송장을 받으면 그때부터 그들의 스트레스 지수는 더 올라가겠죠?"

"그러겠네요."

"민사 소송은 소액재판이라서 별도의 변호사 비용이 필요하지 않습니다. 전자 소송으로도 가능하니 가까운 곳에 있는 법무사를 통하여 조언을 받으시고, 소장을 작성해서 진행하세요.

그들은 지금부터 법적인 처벌보다 더 무거운 사회적 처벌을 받아야 합니다."

"명심하겠습니다. 소장님."

학폭위 선도 조치 결정문을 받고 나서, 저는 피해 학생 부모들에게 민사 소송을 진행하라고 강력하게 권유합니다.

그런데 처음 이야기와는 다르게 피해 학생 부모들이 민사 소송 진행을 망설이는 경우가 있습니다.

얼마 되지 않는 금액을 굳이 소송까지 할 필요가 있느냐는 생각부터, 마치 돈을 바라고 학교폭력으로 신고했다는 남들의 눈초리가 부담스러워서 말입니다. 그런 피해 부모들에게 이야기합니다.

우리는 뻔뻔해질 필요가 있다고 말입니다.

민사 소송으로 손해 배상을 청구하는 것은 당연한 민주 공화국 시민으로서의 권리입니다. 그러한 권리를 피해 부모들이 단순히 남들이 보는 시각 때문에 포기하지 않았으면 합니다.

더욱이 얼마 안 되는 금액으로 소송한다는 것 자체가 효과가 있을까 생각하지만, 소액이기 때문에 더더욱 민사 소송을 진행해야 한다고 생각합니다.

학폭위 선도 조치 결과문을 받더라도 대부분의 가해 학생 측은 반성하거나 인정하지 않습니다.

그들의 민낯을 우리는 보았고, 그들의 뻔뻔함에 치를 떨었습니다. 이제는 우리가 민주 시민의 권리를 행사하여 그들에게 조금이나마 사회적 처벌을 받을 수 있게 해야 합니다.

그것이 민사 소송이라고 생각합니다.

2년 전 저의 아들이 학교폭력을 당하고 나서 4명의 가해 학생들이 검찰에 기소되었고, 최종적으로 1명만 소년재판을 받았습니다. 저는 학폭위 선도 조치 결정문을 근거로 아들을 폭행했던 4명의 가해 학생 부모들에게 민사 소송을 청구하였습니다.

아들의 심리 상담 비용, 병원비, 정신과 진단에 따른 위자료를 청구하였습니다. 약 5개월간의 시간이 흘렀고, 소송장이 각 부모들에게 송달되자마자 가해 학생 측 부모들은 합의를 요청했습니다.

피해 부모들이 뻔뻔해져야 합니다.

우리 사회는 언제부터인가 뻔뻔한 사람들이 부와 명예를 축적하는 비정상적인 사회로 확대되고 있습니다.

올바른 가치관으로 세상을 선하게 살아왔던 사람들이 오히려 피해를 입고, 온갖 기행과 부정부패로 자신들의 사익을 도모한 정치인들과 기업인들이 사회적 정의를 훼손하며 부와 권력을 확장하고 있습니다.

그들의 공통적인 특징은 모두 다 '뻔뻔하다'라는 것입니다. 자신의 잘못이 만천하에 알려졌음에도, 고개를 들고 눈 하나 깜짝하지 않는 그들의 그러한 뻔뻔함이 어쩌면 부와 권력을 움켜쥘 수 있었던 원동력이 되었던 것은 아닌가 생각합니다.

각자의 도덕적 기준을 스스로에게 강요할 필요는 없습니다.

사회적 정의에 크게 벗어나지 않는다면 우리는 다소 뻔뻔하게 세상을 살아갈 필요가 있습니다. 민사 소송은 꼭 진행하시기 바랍니다.

여러분들의 지옥 같았던 시간을 어떻게 보상을 받으시겠습니까? 몇 백만 원의 금액으로 당연히 보상받을 수 없을 것입니다.

그럼에도 제가 지속적으로 민사 소송을 진행하라고 강조하는 이유는 그러한 절차가 가해 학생 부모들에게는 더 큰 스트레스와 마지막으로 반성할 수 있는 일말의 기회가 되지 않을까 하는 기대감 때문입니다.

생각해 보면 우리 사회의 정의가 점점 무너지는 이유는 민주 공화국 시민으로서의 의무와 권리를 제대로 행사하지 않았기 때문이 아닐까 생각해 봅니다.

민사 소송을 한다고 해서 그 누구도 우리에게 뻔뻔하다고 손가락질

하지 않습니다.

피해자가 가해자에게 소송을 청구하는 것은 당연한 권리이기 때문입니다.

아들의 학교폭력 사건을 겪고 나서 세상을 바라보는 인식이 달라진 것 중에 하나는 더 이상 도덕적 기준에 얽매이지 않고, 제가 좀 더 뻔뻔하게 세상을 살아야겠다는 생각을 했습니다.

생각해 보니 지금의 사회는 우리 스스로가 뻔뻔해지지 않으면 상처받고, 좌절하고, 실패합니다.

민주 공화국 시민으로서의 권리를 행사하세요.

사회적 정의는 여러분들이 각자의 권리를 행사하면서 완성되어 갑니다.

17 ❖

'사과'의 기술

"소장님, 고등학생인 아들은 학교폭력 가해 학생입니다.

반에서 짝꿍과 시비가 있었고, 아들이 짝꿍을 폭행하여 피해 학생은 코뼈가 골절되는 전치 3주의 진단을 받았습니다."

"몇 대를 때렸나요?"

"6~7대를 때린 것 같아요."

"왜 그렇게까지 폭행을 한 거죠? 일반적으로 1~2대를 가격하고 상대방이 쓰러지거나, 피를 흘리면 폭행을 멈추잖아요? 아들은 왜 피해 학생을 일방적으로 폭행한 건가요?"

"피해 학생이 쉬는 시간에 핸드폰으로 불법사이트에 접속한 것을 보고 반 아이들이 하지 말라고 등을 한 대씩 쳤나 봅니다. 아들도 마찬가지로 하지 말라고 등을 쳤는데 피해 학생은 아들이 여러 번 등을 쳤다고 생각하고, 아들의 뺨을 때렸다고 합니다. 이에 아들이 격분해서 피해 학생을 폭행했다고 합니다."

"그래서 이 사안에 대해서 어떻게 진행을 하고 있으신가요?"

"일단 이 사안으로 학교에서 조사를 받고, 저와 남편은 피해 부모에게 여러 차례 사과를 전했습니다. 그런데 피해 학생 측에서는 저희들의 사과를 받지 않습니다."

"당연히 받지 않겠죠. 입장을 바꿔서 생각해 보세요. 자녀가 폭행을 당해 코뼈가 부러지고 전치 3주의 중상을 입었다면 당연히 피해 부모 입장에서는 격분할 수밖에 없습니다."

"저희는 진정성 있는 사과를 하고 있다고 생각하는데 어떻게 하면 이 사과가 피해 학생 부모들에게 전달될 수 있을까요?"

"진정성 있는 사과요? 그것은 어머님의 생각일 뿐입니다. 피해 학생 부모 입장에서는 그 사과가 진정성이 있는지, 아니면 현재의 상황을 모면하기 위한 술책인지 판단할 수 없습니다. 또한 사과를 일방적으로 받아 달라고 강요할 수도 없습니다."

"그럼 어떻게 해야 할까요?"

"제가 여쭤보겠습니다. 만약에 어머님이 진정성 있는 사과를 하고 있다면 아들이 잘못한 부분에 대해서는 학교폭력대책심의위원회(이하, '학폭위') 및 형사 사건으로 고소되어 법원의 결정과 상관없이도 피해 가족에게 지속적으로 사과를 해야겠지요?

학폭위에서 선도 조치를 받고, 법원에서 폭행에 대한 처벌을 받고 나서도 그 피해 부모들에게 지금처럼 계속 사과를 하실 용의가 있습니까?"

"……"

"진정성 있는 사과란? 결과와 상관없이 마음에서 우러나오는 것이고, 상대측이 받아 줄 때까지 지속적이어야 합니다.

만약 결과에 따라서 사과의 방식이 바뀐다면 그것은 진정성 있는 사과가 아니라 현재의 순간을 모면하기 위한 술책일 뿐입니다.

아들은 아마도 학폭위에서 무거운 선도 조치와 별도로 폭행에 대한 법률적 책임을 지게 될 것입니다.

만약 어머님께서 피해 학생과 그 부모에게 진정성 있는 사과를 한다면 모든 책임을 지고 나서도 계속해야 되겠죠? 그래야만 그 진정성이 전달이 될 것입니다.

진정성은 그렇게 단 시간에 말 몇 마디에 전달이 되는 것이 아닙니다."

가끔 학교폭력 가해 학생 부모들과 상담을 하다 보면 충분히 자녀의 행동에 대해 반성하고, 사과를 한다고는 하지만 사과의 진정성이 의심되는 경우들이 많이 있습니다.

만약 그들이 진심으로 사과를 한다면 피해 학생을 쌍방 폭력으로 신고하지는 않을 테니 말입니다.

나 아닌 다른 사람에게 나의 진정성을 전달하기는 정말 어렵습니다. 아무리 진심이라고 이야기를 해도 내 마음을 열어 보여 주지 않는 이상 말 몇 마디로 나의 진심을 표현한다는 것은 여간 어려운 일이 아닙니다.

　일부의 가해 학생 부모들은 자신들이 무릎을 꿇어서라도 피해 부모들에게 사과를 한다고 이야기하지만, 실제 그렇게까지 한 부모들은 없었습니다.

　오히려 상대방 부모가 자신들의 사과를 받아 주지 않는다며 원망하는 부모들도 있고, 급기야 감정싸움으로 확대되어 피해 학생을 쌍방 폭력으로 신고하는 경우들이 대부분입니다. 진정성 있는 사과는 마음에서 우러나와야 하며 결과와 상관없이 지속적이어야 합니다. 말 몇 마디에 자신들의 진심이 전해진다고 기대하는 것은 욕심이고 착각입니다.

　상대방의 자녀가 우리 자녀로 인하여 정신적, 신체적 피해를 입었다면 무엇보다 그들의 입장에서 생각을 해 봐야 합니다.

　사과에도 기술이 필요합니다. 현재의 상황을 모면하기 위한 잔기술이 아니라, 아무런 오해 없이 나의 미안한 마음이 상대방에게 그대로 전달될 수 있는 기술 말입니다.

　상황에 따라 아주 오랜 시간이 걸릴 수도 있습니다.

　동시대를 살아가는 같은 부모로서 서로를 이해하고, 정서적 교감이 될 수 있는 마음 전달 기술이 필요하다는 의미입니다.

　진정한 사과는 상대방에게 용서와 화해를 요구하는 것이 아니라,

내가 한 행위에 대한 반성에서부터 시작되어야 합니다.

피해 학생 부모들이 사과를 받아 주지 않는다고 원망할 것이 아니라, 가해 학생 부모들 스스로 생각을 해 봐야 합니다.

나의 언어적 표현이 나의 미안한 마음을 잘 표현하고 있는지, 혹시나 피해 자녀 부모들에게 오히려 상처가 되는 말을 한 것은 아닌지, 나의 이러한 사과가 결과와 상관없이 지속적으로 이루어질 수 있는지 말입니다.

단순히 내가 사과했으니까 상대방이 받아주어야 한다고 생각을 한다면 이는 상대방에게 용서를 강요하는 것과 다름없습니다.

II

현실에서의 학교폭력

"지난 1년간 우울증으로 인해 주기적으로 병원에서 정신과 상담을 받다가 아들의 학교폭력 사건이 발생된 후 공황장애까지 왔습니다. 제가 학교폭력 변호사 3명과 상담을 받아 봤지만, 변호사들의 이야기보다 오히려 소장님이 말씀하신 부모의 역할에 대한 이야기가 더 가슴에 와닿았습니다. 더욱이 저의 심리 상담까지 해 주셔서 이제 수면제를 복용하지 않고도 잠을 잘 수 있게 되었습니다. 소장님의 상담은 최고였습니다."

(서울, 초등학교 6학년 남학생의 어머님)

1:

피해 부모가 대응하지 못하면 벌어지는 일 (feat. 자책감, 무기력, 그리고 우울감)

학교폭력이 발생되면 부모들은 적극적으로 대응해야 합니다. 학교폭력 처리 절차를 모른다면 하나둘씩 공부해 가면서 알아가야 하며, 이해가 되지 않는 것이 있다면 변호사나 행정사들에게 조력을 구해야 합니다.

대부분의 피해 부모들은 발생된 학교폭력 사안에 적극적으로 대처하려고 합니다. 인터넷 검색으로 처리 절차를 공부하고, 여기저기 사례들을 수집하며 자신만의 대응 방식을 찾습니다. 그러나 일부 피해 부모들은 단순히 자신의 자녀가 피해 학생이기 때문에 미온적으로 대응하는 경우도 의외로 많습니다.

중학교 1학년 교실에서 반 아이들끼리 쉬는 시간을 이용해 '인디언밥' 놀이를 했습니다. 술래의 등을 때리는 과정에서 한 학생이 다른 학생들보다 상대적으로 강도 높게 때렸고, 술래인 학생은 이에 격분해서 참여한 학생을 폭행하였습니다. 폭행을 당한 학생은 늑골 뼈가 부러지는 전치 3주의 중상을 입었습니다.

그러나 아이러니하게도 폭행을 당한 학생은 가해 학생의 등을 때리지 않았습니다.

자신의 자녀가 늑골 뼈가 부러졌다는 사실을 알게 된 피해 학생의 부모는 곧바로 '학교폭력'으로 신고하였고, 이 사안은 학교폭력대책심의위원회(이하, '학폭위')까지 올라갔지만 최종적으로 두 학생 모두 쌍방폭력으로 선도조치가 됩니다.

전치 3주의 신체적 피해를 입은 피해 학생이 쌍방폭력으로 1, 2, 3호와 특별 교육까지 선도 조치를 받고 나서 피해 학생의 어머니와 상담을 하게 되었습니다.

"전치 3주의 신체적 피해를 입었는데 왜 가해 학생으로 선도 조치되어 1, 2, 3호 특별 교육까지 나왔나요?"

"글쎄요, 모르겠습니다."

"학폭위에서 이 정도의 선도 조치를 내렸다는 것은 아들의 가해 사실을 굉장히 무겁다고 판단한 겁니다.

아들이 일방적으로 폭행을 당했으면 이렇게 선도 조치가 나오지 않습니다. 아들도 가해 학생을 폭행했습니까?"

"아니오, 아들은 폭행하지 않았습니다."

"그런데, 왜 이런 조치가 나왔을까요?"

"아들이 폭행을 당하고 너무 화가 나서 가해 학생을 향하여 욕을 했고, 죽여 버린다는 이야기를 했습니다."

"아니, 아무리 그 사안이 인정이 된다고 해도 이렇게 무겁게 선도조치가 되지는 않습니다. 진행하면서 변호사 또는 행정사분들에게 조력을 받았나요?"

"아니오."

"왜 조력을 받지 않았나요?"

"저의 아들이 피해 학생이라고만 인식을 했었고, 당연히 피해 사실을 밝히면 정당하게 결정이 나올 것이라고 생각했습니다."

"판단을 잘못하신 것 같습니다. 이 사안은 분명 학폭위에 쌍방 폭력으로 사안이 올라갔을 것이고, 가해 학생 측에서 주장하는 내용에 대해서 어머님은 아무것도 소명하지 못한 것 같습니다. 결국에는 학폭위에서 가해 학생 측과 피해 학생 측의 주장을 모두 사실로 인정했기 때문에 이러한 선도 조치를 내린 겁니다. 이렇게 선도 조치 결과를 받게 되면 아들은 더 큰 상처를 받게 될 겁니다.

오히려 자신의 신체적 피해가 더 큼에도 가해 학생과 똑같이 피해 학생이 아닌 가해 학생으로 선도 조치를 받게 되었다면 아마도 학교에서 다른 아이들에게 웃음거리가 될 가능성이 높을 것이고, 아들이 가지고 있는 분노와 억울함으로 인해 우울감과 무기력에 빠질 가능성이 높습니다.

아들은 어쩌면 학교를 자퇴하거나 전학을 가야 하는 상황으로 내몰릴 수도 있습니다."

"그러지 않아도 아들은 지금 무기력과 우울감에 빠져 있는 상황입니다."

"더 문제가 되는 것은 아들이 가지고 있는 분노의 대상이 지금 현재는 가해 학생에게 향해 있지만, 시간이 갈수록 이러한 상처가 정상적으로 회복되지 않으면 그 분노는 부모에게로 향할 수 있습니다.

이런 이유로 자녀가 실어증에 걸려서 몇 년 동안 부모와 대화조차 할 수 없었던 사례도 있었습니다."

"소장님, 저희는 어떻게 해야 할까요?"

"아들에게 정식으로 사과하세요. 그리고 향후 대응과정에 대해서 아들에게 이야기해 주세요. 그래야 아들이 부모를 신뢰할 수 있습니다. 어쩌면 아들은 학교폭력 처리 과정에서 부모의 대응이 무기력하다고 느꼈을 가능성이 높습니다.

그렇게 되면 아들의 분노와 억울함은 쉽게 사라지지 않을 겁니다."

이렇게 학폭위 선도 조치 결정문을 받고 나서 저에게 상담을 요청하면 제가 해 드릴 말씀이 없습니다.

피해 부모는 학폭위에서 아무것도 소명하지 못했습니다.

자신의 자녀가 전치 3주라는 중상을 입었음에도 불구하고 피해 자녀는 오히려 쌍방 폭력의 가해 학생이 되었습니다.

피해 학생 측의 부모들은 학폭위에 참석해서 우리 자녀가 피해 학생이라고만 주장하고, 가해 학생 측에서 주장한 폭력에 대해서는 아무런 증거와 논리 없이 이야기했을 가능성이 큽니다.

부모가 자녀의 학교폭력사건에 논리적으로 대응하지 못하면 예상치 못한 결과로 자녀의 상처는 더 깊어질 수 있습니다.

학교폭력에서 가장 중요한 것은 선도 조치 결과가 아니라, 처리 과정에서 보이는 부모의 모습입니다.

자녀들은 부모가 자신들을 위해 최선을 다하는 그 모습을 보고 위로 받고, 부모에게 신뢰감을 갖습니다.

우리 자녀에게 학교폭력이 발생되면 여러분들은 어떤 모습을 보이겠습니까?

부디 시간이 지나서 후회하지 않기를 바랍니다. 그 후회는 단순히 부모의 자책감에서만 끝나지 않습니다.

오랜 시간 동안 피해 자녀는 상처를 극복하지 못한 채 우울감에 빠져 지낼 수도 있습니다.

발생된 학교폭력에 적절히 대응하지 못해서 예상치 못한 학폭위 결과를 받고 망연자실하는 피해 부모들을 볼 때마다 안타까운 마음이 드는 것은 어쩔 수 없습니다.

2:

어느 학교폭력대책심의위원회
심의 위원과의 상담
(feat. 학폭위의 현실)

"학교폭력 피해 부모인가요?"

"아니요, 저는 현재 학교폭력대책심의위원회(이하, '학폭위') 심의 위원으로 2년간 활동하다가 올해 또다시 위촉이 된 학부모 심의 위원입니다."

"그런데, 왜 저에게 통화를 요청하셨나요?"

"제가 학폭위 심의 위원으로 활동하면서 애로 사항이 많이 있습니다. 그래서 소장님의 의견을 들어 보고자 전화를 하게 된 겁니다."

"네 어떤 이야기인지 말씀해 보세요."

"저는 되도록이면 피해 학생의 입장에서 최대한 그들의 의견을 들어주려고 합니다. 어떻게 하면 피해 가족의 상처를 보듬어 주면서 이야기를 할 수 있을까요?"

"2년 동안 활동하셨다고 하지 않으셨나요?"

"네, 저는 그냥 피해 부모들이 이야기할 수 있도록 기다렸습니다. 최대한 그들의 이야기를 들어주는 것이 상처를 보듬는 것이라고 생각했습니다."

"제가 보기에는 단순히 피해 가족의 이야기를 들어주는 것에만 집중하면 안 됩니다.

아시겠지만 대부분의 학폭위에서 심의 위원들은 피해 학생임에도 불구하고, 마치 학교폭력의 원인을 피해 학생에게 책임이 있는 것처럼 질의하는 경우들도 많이 있잖아요?

제가 부탁드리고 싶은 것은 피해 가족들의 이야기를 들어줘야 하는 것은 기본이고, 무엇보다 학폭위 심의 위원들이 해당 학교폭력 사안을 명확하게 인지해야 한다는 것입니다.

제가 유튜브 방송에서도 이야기했지만 발생된 학교폭력 사안이 복잡하거나, 가해 학생들이 다수일 경우에는 학폭위 심의 위원들이 제대로 사안을 인지하지 못한 채 심의를 진행하는 경우들이 많지 않습니까?"

"그렇죠."

"물론 그들의 이야기를 들어주는 것도 중요하지만 심의위원들이 해당 학교폭력 사안을 명확히 인지하고, 피해 학생에게 억울함이 없도록 심의하는 것이 피해 가족들에게 가장 큰 위로라고 생각합니다."

"사실 심의 위원들이 해당 학교폭력 사안을 정확히 인지하기에는 시간적인 여유가 없습니다.

만약 학폭위 개최 전에 저희가 각각의 사안 자료를 미리 받는다면 꼼꼼히 검토하겠지만, 보통 당일 30분 전이나 1시간 전에 모여서 장학사에게 해당 사안의 내용과 자료를 건네받고 심의를 진행하기 때문에 사안을 명확하게 인지하고 심의에 들어가는 것은 사실 한계가 있습니다."

"그렇다면 학폭위에서 바로 심의 결정을 내리면 안 됩니다. 학폭위에서 심의를 연기할 수도 있잖아요?

그런데 학폭위에서는 심의를 연기하지 않잖아요? 제대로 사안을 파악하지 못했음에도 불구하고 그들은 그 자리에서 심의 결정을 내립니다. 이는 학폭위 심의 위원들에 자질의 문제라 생각합니다."

"사실 심의 위원으로 활동하면서 딜레마에 빠집니다.

저도 학교폭력의 피해 학생 부모로서 그 자리에 있을 수 있기 때문입니다."

"제가 부탁드리고 싶은 것은 학폭위 심의에서 사안을 명확히 인지하지 못했음에도 소수의 심의 위원들이 심의를 강행하며, 주도적으로 분위기를 이끄는 사람들이 있습니다.

저는 심의 위원들이 그 사람들과 치열하게 논쟁을 해야 하는 것이 맞는다고 생각합니다. 심의 위원들이 학교폭력 사안을 명확하게 파악하지 못한 채 결정을 내리면 안 됩니다.

심의 위원들의 그러한 결정은 피해 자녀와 가족들에게 씻을 수 없는 상처를 남기게 됩니다.

아이들의 미래가 걸린 문제입니다. 그러한 중차대한 일들을 일부 자질이 부족한 심의 위원들이 권한을 남용하는 것이 아닌가 생각합니다.

부탁드립니다. 사안을 명확히 파악해 주세요. 사안을 제대로 파악하지 못했으면 학폭위를 연기해서라도 피해 자녀들이 억울하지 않게 해 주세요.

"알겠습니다. 이제 명확해졌습니다. 말씀해 주셔서 정말 감사합니다."

학교폭력 상담 전화인 줄 알았는데 놀랍게도 학교폭력 피해 부모가 아닌 현재 학폭위에서 심의 위원으로 활동하는 학부모였습니다.

그분은 저에게 심의 위원으로 활동하면서 느끼는 자괴감을 표출하셨고, 어떻게 하면 올바르게 심의 위원으로 활동할 수 있는지 의견을 구했습니다.

현재 학교폭력 시스템에서 가장 큰 문제점은 학폭위 심의 위원이 해당 학교폭력 사안을 명확하게 파악하지 못하고, 심의를 진행하는 것이라고 생각합니다.

어떤 이들은 일부의 문제라고 이야기합니다.

하지만 지속적이고 반복된 문제들이 계속해서 나타난다면 이는 일부가 아니라 전체의 문제일 수도 있습니다.

다행히 저와 통화했던 그분은 심의 위원으로서 학교폭력 처리 과정에 대해 깊이 있게 고민하는 모습을 보여 줘서 한편으로 안도감을 느꼈습니다.

다시 한번 현재 활동하는 학폭위 심의 위원 분들께 부탁드립니다. 제발 해당 학교폭력 사안을 명확하게 인지하시고 학폭위에 참석하기를 바랍니다.

심의 위원들의 잘못된 결정이 학교폭력 피해 가족들에게 씻을 수 없는 상처를 남길 수 있다는 것을 명심하시고, 소명의식을 가지고 사안 처리를 해 주시기 바랍니다.

3:

일부 학교폭력 피해 부모들에게 일침
(feat. 그들의 착각)

학교폭력 피해 부모들과 상담을 하면서 저는 기본적으로 피해 부모들의 이야기에 귀 기울여서 최대한 감정이입을 하려고 합니다.

그러나 모든 학교폭력 피해 부모들에게 감정이입을 하지는 않습니다. 학교폭력이라고 불리기 어려울 만큼의 일들을 확대, 재생산하거나 이해할 수 없는 논리로 대응하는 피해 부모들에게는 다소 드라이합니다.

물론 피해 부모로서 그들의 상처와 아픔은 충분히 이해하지만 처해 있는 상황만 다를 뿐, 그들이 만약 가해 학생 부모가 된다면 또 다른 빌런이 될 가능성이 높기 때문입니다.

저와의 상담을 통하여 현재의 학교폭력 사안을 객관화하여 슬기롭고, 이성적으로 해결하려는 부모들이 많았습니다.

그러나 일부의 부모들은 자신들을 이해해 주지 않는다는 말과 함께 저에게 섭섭함을 내비치는 경우도 있었고, 장시간 상담해 준 것에 대한 고마움보다는 오히려 상담의 가치를 깎아내리는 일부 피해 부모들도 있었습니다.

저에 대한 불신이 있다면 고비용을 들여서 변호사와 상담하시면 됩니다.

저 역시도 저의 상담 기준과 원칙을 넘어서면서까지 제 시간을 투자하며 상담을 하고 싶지는 않습니다.

이제껏 학교폭력 상담을 하면서 많은 일들을 겪어 봤지만 이번 상담은 참 흥미롭고 재미있습니다.

아니 흥미롭다 못해 그 논리가 참 기발합니다. 어쩌면 현재 학교폭력 시스템의 맹점은 자녀가 악용하는 것이 아니라 부모들이 악용하는 것이 아닌가 생각해 봅니다.

• 상황의 요약

- 초등학교 6학년 교실에서 문제를 일으키는 2명의 남학생이 있습니다.
- 그 남학생 2명은 항상 수업 시간에 떠들고, 수업을 지속적으로 방

해했습니다.

- 담임교사에게 수차례 주의를 받았지만, 그 아이들은 나아질 기미가 보이지 않았습니다.

  담임교사가 통제할 수 없는 아이들이었습니다.

- 더욱이 그 아이들은 수업 방해 외에 학급의 규칙을 무시하고, 선생님을 무시하고, 공용 건물을 훼손하고, 반 아이들의 뒷담화를 하는 등 여러 가지로 문제를 일으켰습니다.

- 반 아이들이 자신들에 대한 인식이 좋지 않다는 사실을 알게 된 2명의 학생 중 한 명이 반 아이들 약 16명을 학교폭력으로 신고하게 되었습니다.

- 순식간에 가해 학생으로 신고 당한 16명 아이들의 부모들은 분노하고 억울해했습니다.

  하지만 서로 사과하는 선에서 조용히 마무리 지으려고 학교폭력대책심의위원회(이하, '학폭위')보다는 학교폭력전담기구에서 사안 처리를 하기로 했습니다.

- 그런데 16명의 아이들 중 한 남학생이 학교폭력을 신고한 아이에게 자신이 더 큰 피해를 입었다며 정식으로 학폭위 개최를 요구했습니다.

- 오랜 고민 끝에 그 피해 어머니가 저에게 상담을 요청합니다.

"제가 보기에는 아들을 칭찬해 주셔야 될 것 같습니다."

"네?"

"아들이 아주 멋있는 아이인 듯해요."

"소장님, 왜 그런 거죠?"

"아들의 반 친구들은 2명의 남학생들 때문에 자신들의 기본 권리인 학습권을 침해당하고 있었습니다.

지속적으로 그 아이들 때문에 수업을 방해받고 있는 상황에서 반 아이들에게 당연히 좋은 인식이 될 수 없었겠지요?

그런데 오히려 2명의 학생 중 한 명은 반 친구들을 학교폭력으로 신고를 했고, 자신들이 학교폭력의 피해자라고 주장을 하는 상황입니다.

만약 가해 학생들로 지목된 약 16명의 아이들이 부모들의 요구로 이 사안을 학교장 재량으로 조용히 마무리하게 된다면, 아마도 반 아이들을 학교폭력으로 신고한 학생은 더 의기양양해져서 2학기에도 계속적으로 수업을 방해할 가능성이 높습니다.

어쩌면 아들은 어머니에게 학폭위 개최 요구를 해 달라고 한 것이 학교폭력의 잘잘못을 따지기 위함보다는 그 학생으로 인하여 자신의 학습권이 침해당하고 있다는 사실을 알리기 위함이고, 더 나아가서는 반 아이들 전체를 위한 생각으로 혼자서 당당하게 맞선 것이라고 생각합니다."

"소장님이 그렇게 말씀하시니 정말 그런 것 같습니다. 아들은 오히려 신고한 학생 때문에 자신과 반 아이들이 학습권을 침해당했다고 생각하고 있습니다."

"모든 사람들이 침묵을 지킬 때 자신의 목소리를 당당히 내고 있는 아들의 용기에 어머님은 칭찬을 해 주셔야 돼요.

아들은 아마도 아주 건강하게 성장할 가능성이 높습니다."

아들은 학폭위라는 행정 절차를 통해 그 학생으로 인하여 다수의 반 아이들이 학습권을 부당하게 침해당하고 있다는 사실을 알리고 싶었던 겁니다.

그런 의미에서 그 아들의 용기가 가상합니다.

생각해 보면 아들은 인간의 가장 기본적인 권리를 침해당하는 것에 당당히 문제 제기를 한 것입니다.

전체적인 학교폭력 사안에 대해서도 그 어머니에게는 크게 걱정할 일은 없을 것이라고 제 개인적인 생각을 이야기했습니다. 학교폭력을 당했다고 주장하는 학생 측의 주장은 그저 일방적인 주장일 뿐입니다.

구체적으로 어떤 폭력을 당했는지, 그 폭력의 주체가 누구인지 특정하지도 못했고, 폭력에 대한 피해 사실에 대해서도 명확하게 소명하지 못하고 있습니다.

첫 상담에서 가뜩이나 여러 가지의 스트레스로 힘들어하는 어머니에게 아들을 책망하지 말고, 더 많이 칭찬해 줘야 한다고 이야기하니 어머님께서는 다소 당황해하시며 안심을 합니다.

"제가 이 사안에 대해서 충분히 객관적으로 판단하려고 노력했는데 소장님의 이야기를 듣고 더 객관화해서 볼 수 있었던 계기였습니다. 제가 미처 생각하지 못한 것들까지도 세심하게 말씀해 주셔서 너무 감사합니다."

"아닙니다. 너무 걱정하실 필요 없고, 학폭위 참석 안내문이 오면 그때 저에게 다시 연락을 주세요. 실제 심의 안건을 보고 대응 전략을 수립해야 할 듯합니다."

그렇게 첫 상담은 마무리가 되었고, 며칠 전 참석 안내문이 도착했다는 메시지를 받아 보고 나서 그 어머님과 다시 통화를 했습니다.

"어머님, 제가 수백 건의 학교폭력 상담을 하면서 학폭위 참석 안내문에 이런 주장을 하는 피해 학생은 처음 봅니다.

아주 한참을 웃었습니다."

"그러게요."

"이 정도면 지능의 문제라 생각합니다."

"저도 정말 너무 어이가 없어서 내용을 보고 말이 안 나왔습니다."

"참석 안내문에 기재된 심의 안건 내용을 보고 나서 제가 더 확신이 생기네요. 아무 일도 일어나지 않을 겁니다."

보통 학교폭력 참석 안내문에 기재된 심의 안건(피해 학생 측의 주장)은 굉장히 구체적으로 적시됩니다.

또한 폭력의 유형과 폭력의 피해에 대해서도 피해 학생의 의견을 반영합니다.

그런데 이 학폭위 참석 안내문에 기재된 피해 학생 측의 주장은 이렇습니다.

"○○○이가 ○○○에게 욕설을 했다."

"○○○이가 ○○○에게 짜증을 냈다."

"○○○이가 ○○○에게 째려봤다."

"○○○이가 ○○○를 무시했다."

욕설을 하지 않았으니 이는 허위로 기재한 것으로 보이며 짜증을 냈다, 째려봤다, 무시했다는 표현을 학교폭력으로 신고했다면, 이는 학교폭력으로 인정될 리가 없습니다.

짜증을 내고 화를 낸 적도 없지만 설사 그것이 학교폭력으로 인정된다면 이는 국가가 개인의 감정을 억압하는 것과 같습니다.

희로애락이라는 가장 기본적인 인간의 감정을 한 개인이 일방적으로 폭력이라 단정 짓고, 결정을 내린다면 이는 전체주의 국가에서도 상상할 수 없는 사안입니다.

개인적으로 학폭위 참석 안내문의 심의 안건을 보고 나서 그 피해 학생이라고 주장하는 부모의 지능까지 의심했습니다. 아무리 자신의 자녀가 학교폭력 피해 학생이라고 하더라도 자신들의 주장을 뒷받침할 만한 아무런 근거도 없이 주장했다면 아마 학교와 교사들도 그 부모에게 두 손 두 발 다 들었을 가능성이 높습니다.

학교폭력 피해 부모라고 해서 그들의 행위가 모두 정당화될 수 있는 것은 아닙니다.

적어도 자신들의 상황에 대해서 지지 받기 위해서는 우리 사회에서 통용되는 보편적인 기준에 부합해야 된다고 생각합니다.

그러한 보편적인 기준에 미치지 못하여 이해할 수 없는 행위를 한다면 그들은 아마도 흑화 될 것이고, 그 누구에게 지지 받을 수도 동정 받을 수도 없을 것입니다.

모든 부모들에게 자녀들을 훌륭하게 키우라고 이야기하지는 않겠습니다. 그러나 적어도 우리의 자녀가 남에게 피해를 주는 사람이 되면 안 되지 않습니까?

자신들이 학교폭력 피해자라고 눈물로 호소하기 전에 발생된 학교폭력이 누가 봐도 타당하고 충분히 지지 받을 수 있는 사안인지 다시 한번 점검하시기 바랍니다.

물론 내 자녀의 일이기 때문에 사안을 냉정하게 판단하고, 객관화하는 것이 말처럼 쉽지 않습니다.

그러나 적어도 우리는 어른이지 않습니까?

도덕적, 사회적 기준을 잘 알고 있지 않습니까?

부모가 부모다운 역할을 하지 못하고, 어른이 어른다운 역할을 하지 못하는 사회가 되어 버린 것 같아 씁쓸합니다.

그렇기 때문에 학교폭력에서 부모 교육이 더 필요하다고 생각합니다.

부디 부모들이 혹화 되기보다 승화(昇華) 되기 바랍니다.

4 ⁑

학교폭력 가해 학생에게
조치 없음이 나오는 이유
(feat. 전략의 부재)

   기본적으로 저는 인터넷 맘 카페나 커뮤니티에 학교폭력 게시글을 잘 보지 않습니다. 간혹 보게 되면 보통 게시글의 댓글들은 변호사를 선임하라는 이야기와 학교를 찾아가 강력하게 항의하라는 이야기, 가해 학생을 직접 만나 경고를 하라는 등의 현실과는 다소 동떨어진 이야기들이 대부분이기 때문입니다.

   발생된 학교폭력 사안이 안타까운 것은 사실이나 무작정 감정적인 분노의 표출을 통하여 진행해야 한다는 대부분의 댓글들을 볼 때마다 씁쓸한 것이 사실입니다.

   더욱이 해당 학교폭력 사안이 학교폭력대책심의위원회(이하, '학폭위')에서 가해 학생에 대한 선도 조치가 '조치 없음'으로 나오게 되면 그때부터 학교와 교사, 교육청, 학폭위는 피해 학부모들에게 공공의 적이 되어 버립니다.

물론 학교폭력의 처리 절차에서 이해할 수 없는 언행으로 피해 부모들에게 상처를 주며 은폐하려는 일부 학교의 교사들이 있는 것은 분명합니다.

기계적 중립을 운운하며 심각한 학교폭력 사안임에도 실체적 진실을 파헤치기보다 무관심과 무책임으로 일관하는 일부의 학교폭력 장학사도 있습니다.

또한 해당 학교폭력 사안을 명확히 인지하지 못하고 참석하여 이해할 수 없는 결정을 내리는 자질이 부족한 학폭위 심의 위원들이 있는 것도 사실입니다.

그러나 학폭위에서 '조치 없음'으로 결정되었다고 해서 마치 학교와 교사, 교육청 장학사, 학폭위 심의 위원들이 가해 학생 부모와 유착 관계가 있는 것 아니냐고 그들을 불신하며 의심하는 것은 합리적이지 않다고 생각합니다.

학교폭력의 현실을 보다 냉정하게 바라볼 필요가 있습니다. 학교폭력 피해 부모의 입장에서는 당연히 우리의 자녀가 학교폭력의 피해를 입었다고 주장합니다.

제가 보기에도 피해 학생은 일정 부분의 학교폭력을 당했다고 합리적으로 의심할 만합니다.

그러나 적어도 학폭위에서 가해 학생에 대한 선도 조치는 합리적인 의심만으로는 결정할 수 없습니다.

모든 사안은 직·간접적인 증거와 제3자가 판단할 수 있는 합리적인 근거가 있어야 합니다.

학폭위에서 가해 학생의 선도 조치가 조치 없음으로 결정된다면 이는 두 가지의 이유에서 비롯됩니다.

첫 번째, 피해 학생이 학교폭력을 당했다고 심정적으로는 수긍하지만 그렇다고 명확하게 가해 학생의 폭력이라고 단정 지을 수 있는 직·간접적인 증거가 부족하기 때문입니다.

이럴 경우에는 학폭위 심의에서 일방적으로 피해 학생 측의 진술만 반영하여 결정 내릴 수 없습니다.

즉, 피해 학생 측은 학폭위 참석을 준비하면서 자녀가 학교폭력을 당했다는 직·간접적인 증거들을 제시하지 못했다는 겁니다. 오직 자녀의 피해 상황에 대해서만 감정적으로 호소했을 뿐, 제3자인 학폭위 심의 위원들이 판단하고 결정 내릴 수 있는 근거를 제시하지 못했다는 이야기입니다.

학폭위에서는 피·가해 학생의 상반된 진술을 기준으로 심의를 합니다. 가해 학생 측의 주장에 피해 학생이 논리적으로 소명하지 못한다면 이는 학교폭력으로 인정될 수 없습니다.

피해 부모들은 학폭위의 선도 조치에서 가해 학생이 '조치 없음'으로 결정이 내려지면 1차적으로 학교와 교사, 교육청 장학사, 학폭위 심의 위원들의 불공정한 진행상의 문제와 유착 관계를 의심합니다.

하지만 저는 진행 과정에서 소명할 수 있는 논리들을 피해 부모가 제대로 준비해서 제시하지 못했기 때문이라고 생각합니다.

피해 부모들과 상담을 하다 보면 선도 조치 결과만을 보고 억울해할 뿐입니다.

학폭위에서 실질적으로 필요한 직·간접적 증거와 인과 관계를 중심으로 제가 질의를 하면 자신의 자녀가 피해 학생이라고만 감정적으로 주장하는 경우들이 대부분입니다.

가해 학생에 대한 조치 없음의 선도 조치결과는 아쉽지만 피해 학생 부모에 전략의 부재 때문이라고 생각합니다.

두 번째, 학교폭력이라고 보기에 애매한 경우들입니다.

이러한 경우는 초등학교 저학년들 사이에서 많이 발생됩니다. 피해 학생의 부모는 당연히 자녀가 피해를 입었다고 주장하지만 제3자인 학폭위 심의 위원들이 판단하기에는 폭력으로 판단해야 하는지, 아니면 관계성의 일부라고 판단해야 하는지 모호한 경우들입니다.

같이 놀다가 자연스럽게 발생되는 신체적 접촉을 학교폭력이라고 무조건 단정 지을 수 없습니다.

축구를 하다가 발에 걸려 넘어져 피해를 입는 경우,

피구를 하다가 공에 다소 강하게 맞는 경우,

야구를 하다가 공에 맞아 상처가 생기는 경우,

술래잡기를 하다가 쫓아오는 술래를 피하다 다치는 경우,

의도하지 않게 신체적 접촉이 일어나 피해를 입는 경우 등

실제로 경우의 수를 대입하다 보면 우리 자녀들은 숱한 학교폭력의 경계선에 아슬아슬하게 노출되어 생활하고 있는지도 모릅니다.

그런데 이러한 관계성에서 어쩔 수 없이 발생되는 신체 접촉을 학교폭력이라고 인식하면서, 자연스럽게 가해 학생과의 관계를 확대 재생산하는 경우들이 많습니다.

이럴 경우에는 학교폭력으로 인정될 수 없습니다. 물론 폭력의 기준은 피해 학생이 정하는 것이 맞습니다.

그러나 적어도 행정 기관의 심의기관에 문제를 제기하기 위해서는 단순히 피해에 대한 감정적인 요구보다 적어도 제3자(심의 위원)가 납득하고, 인정할 만큼의 형평성은 갖추어야 한다고 생각합니다.

학폭위에서 가해 학생이 조치 없음으로 선도 조치가 나왔다면 이는 피해 부모가 해당 학교폭력 사안에 대해서 학폭위 심의 위원들을 충분히 설득하지 못했다는 의미이며, 폭력의 인식이 주관적, 감정적이었다는 의미이기도 합니다.

학폭위는 행정 기관의 심의기관입니다.

법원과 같은 강제적이고 절대적인 권한은 없지만 적어도 그들의 판단과 결정을 뒷받침할 수 있는 논리와 근거가 있어야 한다는 이야기

입니다. 원하지 않는 선도 조치 결과를 받고 나서 그들을 불신하고, 원망하는 것은 의미 없습니다.

피해 부모가 학폭위 결과를 전해 듣고 억울해하지 않기 위해서는 전략과 전술이 필요합니다. 전쟁에 패하고 나서 자책을 하고 후회하는 것만큼 어리석은 일은 없습니다.

부디 발생된 학교폭력 사안에 감정적으로만 호소하지 말고 대응전략을 수립하세요. 이기는 전략이 필요합니다.

피해 학생이 억울하지 않게 부모들이 준비해야 합니다.

5:

피해 자녀가 학폭위에 참석해야 하는 이유
(feat. 대한민국은 민주공화국)

"소장님, 학교폭력대책심의위원회(이하, '학폭위')에 참석할 때 부모들만 참석해도 되나요?"

"네, 부모들만 참석해도 됩니다. 그런데 왜 그러시죠?"

"네, 우리 아들(딸)이 아직 어리고 내성적이라서요.

그리고 학교폭력 피해에 대한 트라우마 때문에 행여나 학폭위에 참석하면 아이가 위축될 것 같아서 참석을 시키지 않으려고 합니다."

"자녀에게 참석 여부를 직접 확인하시고, 되도록이면 자녀와 함께 학폭위에 참석하는 것이 좋습니다."

"나이도 어리고, 내성적이라서 말을 제대로 못 할 것 같아요. 소장님."

"제가 보기에는 어머님보다 자녀분이 말을 더 잘할 겁니다. 함께 참석하여 그 과정을 경험하는 것이 좋습니다."

간혹가다 학교폭력 피해 어머니들이 학폭위 참석을 앞두고 저에게 이런 질문들을 종종 합니다.

자신의 자녀가 내성적이고, 아직 어리기 때문에 부모만 참석하면 안 되냐고 말입니다.

기본적으로 저는 되도록이면 자녀와 함께 참석하라고 조언합니다.

그렇게 조언하고 나면 학폭위에 참석했던 어머니들이 하나같이 다음과 같은 피드백을 줍니다.

"소장님, 아들(딸)과 함께 학폭위에 참석한 것은 정말 잘한 결정인 것 같습니다."

"어떻던가요? 어머님보다 말을 더 잘하지 않던가요?"

"네 맞습니다. 소장님, 아직 어린 줄로만 알고 있던 아이였는데 자신의 생각을 또박 또박 이야기하는 모습에 정말 놀랐습니다. 어디에서 그런 용기가 나왔는지 저보다 훨씬 더 말을 잘했습니다. 소장님의 예상이 맞았습니다."

"이번 기회를 통하여 자녀는 더 성장할 것입니다."

물론 학교폭력으로 인해 깊은 트라우마가 생긴 아이들은 학폭위 참석 자체가 상처를 상기시키는 힘든 과정일 수도 있겠지만, 되도록이면 부모와 피해 자녀가 함께 참석하기를 권유합니다.

그 이유는 다음과 같습니다.

피해 자녀의 입장에서 학폭위는 실체적 진실을 밝히는 곳이 아닌, 학교폭력을 당한 억울함과 분함을 해소할 수 있는 곳이어야 합니다. 이제껏 피해 자녀는 자신의 상처에 대해서 그 누구에게도 이야기하지 못했습니다.

가슴속에 쌓인 분노와 억울함이 있다는 이야기입니다.

자녀는 그러한 분노와 억울함을 학폭위를 통하여 표현하고 해소를 해야 합니다.

그런데 그러한 감정해소의 매개체를 부모가 먼저 제지한다면, 자칫하다가 자녀의 가슴속 응어리는 분출하지 못한 채 마음의 병만 키울 수 있습니다.

부모들은 자녀의 나이가 어리고 성격이 내성적이기 때문에 분위기에 위축될 것이라고 걱정하지만 아닙니다.

자신의 생각을 표현하는 것은 성향과 나이와는 인과 관계가 없습니다.

자녀가 말을 하는 순간부터 자신의 생각과 주관이 만들어집니다. 겉으로 보기에는 한없이 어려 보이고 아무것도 하지 못할 것같이 소극적이고 수줍음 많은 아이라 하더라도, 그것은 단순히 외적으로 보이는 것일 뿐 자신의 억울함과 분노가 마음속에 쌓이면 표현하고 해소해야 하는 것이 인간의 본능입니다.

부모 마음대로 자녀를 예단하지 마세요. 여러분들이 생각하는 것보다 우리 자녀는 훨씬 더 속이 깊고, 단단한 아이일 수 있습니다. 그동안 표현하지 않았을 뿐, 그 누구보다 자신의 의사를 논리적으로 표현할 수 있는 아이라는 겁니다.

대한민국은 민주공화국입니다.

대한민국은 표현의 자유가 있습니다.

그 누구든 인간은 아무런 제약이나 간섭 없이 자신의 생각을 표현할 수 있는 기본 권리가 있습니다.

부모가 바라보는 선입견으로 자녀의 기본권을 제한하지 않았으면 좋겠습니다.

앞서도 말씀드렸지만 학폭위에 부모의 권유로 불참하여 자신의 이야기를 하지 못한다면 자녀는 억울함과 분노를 발산하지 못한 채 학교폭력의 상처가 더 깊어질 것입니다.

자녀와 함께 학폭위에 참석하세요.

자녀에게 자신의 억울함과 분노를 표현할 수 있는 기회를 주어야 합니다.

학교폭력의 상처는 과정을 통하여 극복합니다.

6 ✦

피를 말리는 학교폭력대책심의위원회 결과
(feat. 어쩔 수 없는 감정이입)

오늘쯤이면 아마도 결정문 통지서를 등기로 받았을 텐데, 아침 내내 피해 학생 어머니의 연락을 기다려 봅니다.

혹시라도 원하지 않는 결과가 나오게 되면 피해 가족은 더 큰 상처를 받고 있을 텐데 먼저 전화해서 물어볼 수도 없고, 그저 어머님의 연락을 기다리는 수밖에 없습니다.

그러던 중 오후가 지나서야 피해 어머니에게서 전화가 옵니다.

"소장님, 지금 막 학교폭력대책심의위원회(이하, '학폭위') 선도 조치 결정문을 등기로 받았습니다."

"네, 결과는 어떻게 나왔나요?"

"다행히도 저의 아들은 피해 학생으로 선도 조치 받고, 가해 학생으로 조치 1호(서면 사과)를 받았습니다."

"아, 정말 다행입니다. 사실 저도 하루 종일 초조하게 기다리고 있었습니다. 걱정이 많았는데 정말 다행입니다."

"정말 감사합니다. 소장님께서 함께 고민해 주신 덕분입니다. 사실 선도 조치 결정문을 받고 나서 소장님께 제일 먼저 연락을 드린 겁니다."

"감사합니다."

생각해 보면 당연한 결과였습니다.

왜 이런 당연한 결과를 숨죽여서 며칠 동안 초조하게 기다려야 하는지 도통 이해할 수가 없습니다.

중학교 3학년인 아들이 친구에게 일방적으로 폭행을 당해서 전치 3주의 피해를 입은 사안입니다.

당연히 아들은 피해 학생으로서의 지위를 유지해야 하고, 피해 학생으로만 선도 조치를 받아야 하는 사안입니다.

하지만 폭행이 일어나기 전에 아들과 가해 학생의 신체적인 접촉이 있었습니다.

그러한 신체적인 접촉으로 인하여 가해 학생이 피해를 입은 것도 아닙니다.

최초 사실 조사에서 피해 학생과 가해 학생은 모두 신체적인 접촉을 인정하였고, 서로 장난으로 치부하여 끝났던 사안을 가해 학생 부모가 그것을 폭력으로 강력하게 주장해 쌍방 폭력으로 사안이 올라갔습니다.

이 사건은 가해 학생이 피해 학생을 무자비하게 폭행한 장면이 그대로 CCTV에 녹화되어 있어서 경찰에 증거로 채택이 되었고, 목격 학생의 진술도 추후에 번복이 되긴 했지만 피해 학생의 진술과 일치하였고, 폭력에 대한 피해 증거가 명확하여 진행 과정에서 큰 이견은 없을 것으로 보였으나, 가해 학생 측도 신체적 피해를 주장하며 학폭위에 진단서를 제출한 상황이라 결과를 예단하기 어려웠습니다.

피해 자녀 어머니와 꾸준히 상담을 진행하면서 피해 학생이 신체적 정신적 피해가 큰 것은 맞지만 폭행이 일어나기 전에 서로가 신체적 접촉을 인정한 상황이라 쌍방으로 조치가 나올 수도 있을 것 같다고 미리 이야기를 했습니다.

게다가 상대 학생 측에서 제시한 또 다른 신체적 접촉에 대한 진단서에 대해 우리 측에서 논리적으로 소명하지 못한다면 일방적으로 폭행당한 피해 자녀가 쌍방폭력의 가해 학생으로 무거운 선도를 조치 받을 것이고, 선도 조치 자체가 가해 학생과 별반 차이가 없다면 피해 학생의 상처는 더 클 수도 있을 것이라 조언을 드렸습니다.

우리 측의 전략은 가해 학생 측에서 주장하는 쌍방폭력에 대해서 최대한 논리를 가지고 소명하되, 가장 낮은 선도 조치(1호, 서면 사과)로 결과를 얻는 것이 최선이라고 이야기를 했습니다.

학교폭력의 처리 과정에서 가장 중요한 것은 학폭위의 결과가 아니라 진행 과정에서 보이는 부모의 모습이라고 수차례 강조하였고, 피

해 학생의 어머니도 결과보다는 과정에 집중하겠다고 저에게 다짐을
했었습니다.

지난주에 피해 학생 어머니가 학폭위에 참석하였을 때 이야기할 마
지막 최후 발언들과 우리 측에서 강력하게 주장해야 하는 논리들을
정리하여 어머님께 말씀을 드렸습니다.

다른 학교폭력 사안에 비추어 직접적인 증거(CCTV 폭행 영상, 목
격 학생 진술)와 간접적인 증거(폭행 피해 사실에 대한 진단서)가 명
확하다는 것이 이 사안의 핵심이었습니다.

반대로 가해 학생 측은 폭력 피해에 대한 증거가 오직 진단서밖에
없었고, 피해를 입었다는 주장을 뒷받침할 만한 논리적인 증거가 없는
상황이었기 때문에 제출된 진단서 또한 폭력의 과정에서 발생된 신체
적 접촉과 직접적인 인과 관계가 있다고 판단하기가 어려웠습니다.

우리 측의 소명은 충분하다고 판단하여 학폭위 최후 발언 때 좀 더
강력하게 이야기를 해야 한다고 피해 학생 어머니에게 말했지만, 학
폭위에 참석한 피해 학생의 어머니는 분위기에 위축되어 준비한 내
용을 제대로 발언을 하지 못했고, 심의 위원들의 질의 자체도 드라이
해서 피해 학생의 어머니도 내심 걱정을 하였던 사안이라 저 또한 결
과를 예단하기 어려웠습니다.

학폭위는 행위를 두고 판단하기 때문에 피해 학생인 아들도 가해

학생으로 선도 조치될 것입니다.

그러나 발생된 신체적 접촉이 우리가 일반적으로 생각하는 폭력의 범주에 들어가기에는 어렵다고 생각했고, 더욱이 가해 학생 측에서 주장하는 또 다른 신체적 접촉에 대한 피해 사실 또한 인과 관계가 성립하기에 어렵다고 생각했습니다.

그렇다면 피해 학생은 쌍방 폭력의 가해 학생으로 선도 조치를 받되, 가장 낮은 조치 1호(서면 사과)를 받는 것이 합당하다고 생각했습니다.

피해 학생의 어머니에게는 제 개인적인 생각까지 다 노출하지는 않았지만 다행히도 제가 원하는 조치를 받아서 안도의 한숨을 쉬었습니다.

"어머님, 물론 가장 낮은 선도 조치 1호를 받긴 했지만 아들의 입장에서는 그러한 결과를 얻었다는 것에 실망하고, 상심할 수 있습니다. 아들에게는 이렇게 표현을 해 주셔야 합니다."

"어떻게요?"

"우리가 운전할 때 신호 위반을 하면 경찰관이 차를 세우라고 수신호를 보내지요?"

"네."

"그리고 나서 경찰관이 신호를 위반한 운전자에게 '당신은 죄를 지었습니다.' 이렇게 이야기하진 않잖아요?"

"그렇죠."

"우리가 신호를 위반했다고 해서 죄를 지은 것은 아닙니다. 경찰관은 규칙을 위반한 것에 대한 행정적인 절차를 진행하는 것뿐입니다.

아들의 선도 조치 1호는 그러한 행정적인 절차일 뿐입니다. 학폭위에서 아들에게 1호 조치를 내린 것은 폭력이라고 보기에는 논란이 될 수 있으나, 행위 자체를 인정하였기 때문에 내린 결과라고 생각합니다.

아들이 사사롭게 받아들일 수 있도록 표현을 해 주셔야 합니다. 그리고 가해 학생은 학폭위에서 교내 봉사와 특별 교육 이수까지 선도 조치 받았습니다.

이는 심각한 폭력임을 인정한 것입니다. 선도 조치 자체가 다르기 때문에 같은 선상에서 비교할 수 없는 부분입니다."

"소장님께서 말씀하신 표현이 적절할 듯합니다. 그렇게 아들에게 이야기하겠습니다."

"남편 분은 뭐라고 말씀하시던가요?"

"교육청에서 올린 학교폭력 안건으로만 심의 위원들이 판단했다면 이해하기도 어려웠을 것이고, 심의하는 것이 쉽지 않았을 텐데 소장님께서 최후 발언들에 대한 전체적인 사안을 이해하기 쉽게 정리해 주셔서 수월하게 심의가 진행이 된 것이 아닌가 생각했다고 하네요. 이 모든 것이 다 소장님 덕분입니다."

"아니에요, 진행 과정에서 어머님과 아버님의 모습이 아들에게는 또 다른 신뢰를 구축하는 계기가 되었을 겁니다.

지금부터는 더 행복해지셔야 합니다."

"감사합니다. 소장님."

학교폭력 상담이 힘든 이유는 상담이 지속될수록 저 또한 어느 순간 피해 학생의 부모들과 함께 감정이입을 하게 된다는 것입니다.

함께 우울해하고, 함께 잠을 이루지 못하는 날들이 계속 반복되고, 피해 학생의 어머니가 학폭위에 참석하는 날이면 저도 하루 종일 긴장되고 초조해집니다.

학교폭력 상담을 하면서 감정에 대한 소모가 큰 것은 분명하지만, 피해 부모들과 오랜 시간 함께 대화하며 고민하는 것에 대한 보람이 큰 것도 사실입니다.

이제는 행복할 일만 남았습니다.

저는 지속적으로 피해 가족들과 연락하며 그들을 살필 것입니다. 제 아들이 학교폭력을 겪고 힘든 처리 과정들을 함께 이겨 낸 후 우리 가족이 더 행복하게 지내는 것처럼, 저와 상담했던 모든 피해 부모들이 학교폭력이라는 가정의 위기를 슬기롭게 극복하고, 승화시켜 모두가 행복해지기를 진심으로 기원합니다.

7:❖

합리적인 추론으로 논리를 만들고 설득하다 (feat. 논리의 중요성)

"소장님, 학교폭력대책심의위원회(이하, '학폭위')에 참석해서 소장님께서 말씀해 주신 내용으로 최후 발언을 했습니다. 몇 번이나 이야기를 하다가 울컥했었는데, 저의 이야기를 듣고 학부모로 보이는 심의 위원들 몇 분이 공감한 것 같습니다."

"그래요, 일단 분위기는 나쁘지 않은 듯합니다. 심의 결과를 기다려 봅시다."

중학교 1학년 딸의 학교폭력으로 힘들어하던 어머니가 학폭위에 참석하고 나서 피드백 주신 이야기입니다.

전체적인 분위기를 전해 듣고 나서 제가 예상한 대로 결과가 나오지 않을까 조심스럽게 기대를 했었는데 오늘 그 어머니에게 최종적으로 학폭위 결과를 전해 들었습니다.

"소장님, 가해 학생 4명 모두 동일한 선도 조치를 받았습니다. 이 모든 게 소장님 덕분입니다. 소장님이 아니었다면 이런 결과를 얻지 못했을 텐데 정말 감사합니다."

"다행입니다. 일부 학폭위가 졸속으로 운영되는 곳도 있지만 의외로 합리적으로 결정하는 곳도 많이 있습니다.

4명의 가해 학생 모두가 동일한 선도 조치를 받았다면 이는 우리 측의 주장이 논리적이었고, 설득력이 있었다는 이야기입니다. 선도 조치가 다소 낮은 조치라고 생각할 수 있겠지만 제가 판단하기에 이 정도의 조치 결과는 결코 낮은 조치가 아닙니다. 지금부터는 딸의 상처 치유에 더 집중하셔야 합니다."

"감사합니다. 지난주 학폭위가 끝나고 나서 소장님께서 치킨 기프티콘도 보내주셨다고 하니 딸아이가 좋아했습니다."

"딸에게 제가 응원한다고 꼭 전해 주세요!"

학교폭력 상담을 할 때 가장 어려운 부분은 여학생들 사이에서 발생되는 학교폭력입니다.

남학생들의 학교폭력은 대부분 신체폭력이다 보니 피해에 대한 명확한 증거가 남아서 진행 과정에서 별 어려움이 없지만, 여학생들 사이에서 발생되는 학교폭력은 신체 피해보다는 정신적 피해가 상당함에도 직·간접적인 증거들을 찾는 것이 쉽지 않습니다. 이 사안 또한 마찬가지였습니다.

가해 학생 4명 중 2명만이 실질적인 학교폭력의 가해 학생이었습니다. 2명이 피해 학생에게 욕을 하고 신체적인 위협을 했기 때문입니다.

초기 이 사안에 대해서 학교와 교사들은 실질적으로 행위를 한 2명의 여학생들만 학폭위에 올리자고 피해 어머니에게 제안 했었습니다.

나머지 2명의 여학생은 학교에서 공부도 잘하고, 교사들에게 나름 좋은 평가를 받고 있는 학생들이었기 때문에 학교는 더 이상 가해 학생이 확대되는 것을 원치 않은 듯합니다.

처음 그 어머니와 상담을 했을 때 4명 모두 학폭위 심의에 올려야 된다고 이야기했습니다.

학교 측의 제안대로 2명의 여학생만 학폭위 심의에 올려 선도 조치가 나온다면, 나머지 2명의 여학생들에게 피해 학생은 지속적으로 2차 가해를 받을 수 있기 때문이었습니다.

그러나 나머지 2명의 학생들을 한꺼번에 학폭위 심의에 올리는 것 또한 쉬운 일은 아니었습니다.

만약 나머지 2명의 여학생이 학폭위 심의에서 증거 불충분으로 인해 조치 없음으로 나올 경우에는 피해 학생의 입장에서 엄청난 후폭풍을 마주할 수 있기 때문이었습니다.

합리적인 의심으로 우리 측의 주장 논리를 만들어야 했습니다. 실질적으로 행위를 한 2명의 학생은 당연히 가해 학생으로의 조치를 받아야 하지만, 나머지 2명의 학생과 공모 여부도 우리 측에서 밝혀야 하는 사안이었습니다.

우발적인 폭력이 아닌 계획적인 폭력이었다는 것,

폭력의 장소와 시간 그리고 각각의 역할을 정했다는 것,

가해 학생들이 여러 가지의 시뮬레이션을 두고 진행을 하려고 했던 것, 어쩌면 실질적으로 폭력을 가한 학생이 주범이 아니라 이러한 학교폭력을 계획하고 주도했던 주범이 따로 있을지도 모른다는 합리적인 의심으로 우리 측의 주장을 정리하였습니다.

그렇게 하나둘씩 정황들을 정리하다 보니 우리 측의 주장을 뒷받침할 만한 증거들이 나오기 시작하였고, 이 사안은 2명의 가해 학생 외 나머지 2명의 가담 여부의 정황들이 있기 때문에 동일 선상에서 학교폭력 가해 학생으로 처리해야 하는 것이 정당하다고 주장하였습니다.

다행히 학폭위에서는 직접 가담한 2명 외 나머지 2명에 대한 여학생들도 똑같은 선도 조치로 그들의 행위가 심각한 학교폭력에 해당된다고 결정을 내렸습니다.

직·간접적인 증거가 미약하다 보니 학폭위에서는 증거 불충분으로 인해 조치 없음으로 선도 조치가 나오는 사례가 많습니다. 엄연히 피해 학생이 존재하고 피해 가족은 지옥 같은 일상을 경험하고 있음에도 말입니다.

직·간접적인 증거가 미약하다면 이처럼 정황 증거를 활용해야 합니다.

물론 정황 증거라 해도 우리 측의 일방적인 주장으로 만들어서는 안 되며, 제3자(심의 위원)가 판단하였을 때 충분히 일어날 수 있는

개연성이 있다는 것을 설득시킬 수만 있다면 직·간접적인 증거만큼 영향을 끼치지 않을까 생각해 봅니다.

이제 고작 중학교 1학년인 피해 여학생은 여러모로 큰 상처를 입었습니다.

이제 개학을 하게 되면 같은 반인 가해 학생들과 마주쳐야 하는 스트레스로 밤잠을 이루지 못할 것입니다.

피해 여학생의 어머니에게는 향후 어떻게 대처해야 하는지에 대해서 충분히 조언을 드렸지만 그래도 지속적으로 피해 여학생과 그 어머니를 살펴야겠습니다.

이미 발생된 학교폭력 사안에 후회와 자책은 할 필요가 없습니다. 우리는 그저 다른 사람들보다 예방 주사를 먼저 맞았을 뿐입니다.

지금부터 그러한 예방 주사의 면역을 기반으로 마음의 근육을 더욱 단단하게 하는 계기가 되기를 바랍니다.

학폭위의 조치 결과는 끝이 아니라 시작입니다.

이제부터 자녀들과의 유대 관계를 더 깊게 하기 위하여 부모들이 실질적으로 고민해야 합니다.

8 ✦

학교폭력에서 정당방위가 인정될까?
(feat. 씁쓸한 현실)

2년 전 학교폭력 사건이 발생되고 나서 아들이 지구대에 있다는 연락을 받고 와이프와 함께 방문했었습니다.

이미 가해 학생들은 모두 부모들에게 인계된 상황이었고, 지구대에 홀로 남은 아들과 마주한 후 진술서를 읽어 보고 아들과 함께 지구대 문을 나서려는 순간 경찰관 한 분이 따라 나오면서 아들이 대견한 듯 어깨를 두드려 주며 이야기합니다.

"잘 참았어, 정말 잘 참았어. 앞으로 그 아이들과는 절대 엮이지 마라. 엮이면 좋을 게 하나도 없다."

경찰관이 그렇게 이야기한 이유는, 아들이 혹시나 폭행을 당하는 과정에서 상대 아이들과 신체적 접촉이 있었다면 쌍방 폭력으로 사안이 확대될 것이고, 폭행 피해의 당사자가 가해자로 몰리는 억울한 상황이 전개될 수 있는 상황을 미연에 방지했기 때문이 아닐까 생각합니다.

학교폭력 피해 부모들과 상담을 하다 보면 자신의 자녀가 피해 학생이라고 주장하면서도 쌍방 폭력으로 안건이 상정된다는 것을 인지하고 물어보면, 모두들 정당방위였다고 저에게 하소연을 합니다.

그런데 아쉽게도 학교폭력에서 정당방위는 인정되기 어렵습니다. 이는 현재의 법체계상 '정당방위'의 조건을 까다롭게 정의하는 것에 그 이유를 둘 수 있습니다.

그러나 학교폭력대책심의위원회(이하, '학폭위')와 일반 재판은 결이 다르기 때문에 보다 합리적으로 판단해야 한다고 생각하지만, 현재의 학폭위 심의 위원들은 우리가 생각하는 것처럼 합리적이거나 공정하지 않다는 것을 말씀드립니다.

지난 2월에 원주에서 고등학교 1학년 남학생이 중학교 3학년 학생들에게 집단으로 폭행을 당했습니다.

이 폭행으로 남학생은 뇌출혈 증상과 전치 3주의 진단을 받았고, 폭행의 영상은 해당 건물 CCTV에 고스란히 녹화되었습니다.

이 사건은 SBS 뉴스에서도 보도되어 사안이 이슈화되었으나 학폭위에서는 의외의 결과를 내렸습니다.

수십 명의 학생들에게 둘러싸여 폭행을 당한 피해 남학생은 상대 가해 학생을 밀쳤다는 이유만으로 쌍방 폭력으로 안건이 상정되었고, 결국 피해 학생도 가해 학생으로 선도 조치를 받았습니다.

더 이해할 수 없는 것은 자신의 형이 일방적으로 폭행당하는 광경을 보고 남동생이 말리는 과정에서 가해 학생을 밀쳤다는 이유만으로 학폭위에서 남동생까지 가해 학생으로 선도 조치를 받았다는 것입니다.

당시 원주까지 찾아가서 피해 학생의 어머니와 직접 만나 억울함을 전해 들었습니다. 지금도 울분에 가득 찼던 그 어머니의 모습을 잊을 수가 없습니다.

중학교 2학년 남학생이 중학교 3학년 남학생 여러 명이 보는 앞에서 일방적으로 폭행을 당했습니다.

물론 폭행을 한 학생은 중학교 3학년 남학생 한 명이었지만 현장에 있었던 여러 남학생들은 조직적이고 계획적으로 움직였습니다.

2학년 남학생을 폭행 장소로 유인하는 역할을 한 남학생이 있었고, 폭행이 일어날 당시에 골목 입구에서 망을 보던 남학생도 있었습니다.

직접적으로 폭력을 가한 학생은 1명이었지만 나머지 학생들은 폭행 현장을 구경하며 조롱하고 부추기기도 했습니다.

당연히 이 사안은 그 현장에 있었던 모든 남학생들이 가해 학생으로 안건이 상정되어야 했으나, 폭행을 가했던 1명의 남학생만 가해 학생으로 안건이 상정되었고, 일방적으로 중학교 3학년 남학생에게 폭행당하던 2학년 남학생은 자신의 몸을 보호하기 위해 신체적 접촉이 일어났다는 이유만으로 피해 학생도 학폭위에서 가해 학생으로 선도 조치 받았습니다.

피해 학생 어머님은 학폭위에서 정당방위를 강력하게 주장하였으나, 학폭위에서는 이를 인정하지 않았습니다.

수십 대를 일방적으로 폭행당하다가 어쩌면 자신이 죽을지도 모른다는 신체적 위협을 느껴 방어 차원에서 한 번 휘두른 주먹이 쌍방폭력으로 선도조치 되는 결과를 얻게 되었습니다.

변호사까지 선임했던 피해 학생의 어머니가 저에게 보내줬던 장문의 메시지에는 억울함과 분노가 그대로 배어 있었습니다.

이처럼 학교폭력에는 변수가 참 많습니다. 경우의 수가 너무 많습니다. 예상치 못한 변수와 경우의 수에 탄력적으로 대응하지 못하면 엄연히 피해 학생임에도 불구하고, 가해 학생으로 선도 조치 받는 사례가 부지기수입니다.

정당방위를 인정하지 않는 것은 학폭위의 현실적 한계입니다. 앞서 말씀드린 바와 같이 현재의 학교폭력 심의는 법체계와 연결되어 있고, 그러다 보니 정당방위로의 결정은 까다로울 수밖에 없습니다.

더욱이 학폭위는 과정과 동기를 가지고 판단하기보다 행위만을 두고 판단하기 때문입니다.

그러나 학폭위의 현실적인 한계라고 단정 짓기에는 너무 비겁합니다. 이는 학폭위 심의 위원들의 자질의 문제일 수도 있습니다.

그들이 만약 스스로에게 학교폭력이라는 사회적 문제 해결을 위한 심의 위원으로서의 소명의식이 있다면, 그들이 만약 피해 학생의 입장에서 한 번 더 생각을 해 본다면, 그들이 만약 발생된 학교폭력 사안의 심각성을 한 번 더 절감한다면, 아무리 법체계와 연결이 되어 있다 하더라도 심의 위원들 스스로가 주관을 가지고 합리적으로 결정을 내릴 수 있을 것입니다. 그래서 심의 위원들의 자질이 중요한 것입니다.

피해 가족이 정당방위를 주장한다는 것은 피해 학생이 가해 학생과의 신체적 접촉이 타당한 이유가 있다는 사실에서 시작합니다.

학폭위에서는 폭행의 인과 관계와 정황을 설명할 필요가 있습니다. 단순히 상대방이 폭행을 했기 때문에 방어 차원에서 신체적 접촉이 일어났다는 주장보다, 폭행을 당했던 상황과 피해 학생이 마주해야 했던 폭력의 공포심을 설명할 필요가 있습니다.

결국에는 학폭위 심의 위원들의 일부도 학부모이기 때문입니다.

9 ❖

학교폭력 2차 가해 학생의 결말
(feat. 초범과 재범의 차이)

　우리나라 법률에서는 초범의 범죄자에게 상대적으로 관대합니다. 범죄의 유형이 강력 범죄에 해당되지 않고, 주거가 일정하다고 판단이 되면 구속 수사보다는 불구속 수사를 원칙으로 삼으며 재판에서도 일정 부분의 형량을 감형해 주거나, 집행 유예를 선고하여 초범인 범죄자에게 죄를 뉘우칠 수 있는 시간을 부여함과 동시에 사회로 복귀할 수 있도록 기회를 주는 경우가 의외로 많습니다.

　이는 법이 유연하고 관대하다는 것을 단적으로 나타내는 예이기도 합니다.

　그러나 재범의 범죄자에게 법은 엄격합니다.

　강력 범죄에 해당되지 않더라도 동일한 범죄 행위를 또다시 저지르거나, 집행 유예 기간에 범죄를 저지른다면 법은 그 범죄자에게 가중처벌을 부여하여 더 높은 형량을 선고합니다.

이는 사회에 복귀할 수 있도록 관용을 베푼 법률에 대한 항거라고 판단하는 것이고, 더 이상 교화될 수 없는 존재로 인식하기 때문입니다.

작년에 중학교 1학년 아들이 상대방 남학생에게 신체적 폭력과 언어폭력을 당했습니다.

이 사안은 그대로 학교폭력으로 신고 되었고, 피해 학생의 신체 피해가 컸기 때문에 학교폭력대책심의위원회(이하, '학폭위')까지 소집되어 진행이 되었습니다.

그 당시 가해 학생은 1, 2, 4호 특별 교육까지 선도 조치 받았습니다.

보통 이 정도의 사안은 1, 2, 3호 정도로 끝나는 경우들이 많은데 교내 봉사가 아닌 사회봉사 조치가 나왔다는 것은 발생된 학교폭력 사안을 학폭위에서 무겁게 판단했다는 의미이기도 합니다.

그렇게 학교폭력으로 사안이 마무리되고 나서 해당 학생이 잘 지내는가 싶었는데 지난 4월, 피해 어머니에게 다시 연락이 옵니다.

작년에 아들을 폭행했던 가해 학생이 지속적으로 아들에게 욕설을 하고, 허위 소문을 퍼뜨려 아들을 괴롭힌다고 말입니다. 이 사안에 대해서 어머니에게는 2차 가해로 충분히 인식될 수 있는 사안이니 직·간접적인 증거들을 모아서 다시금 학교폭력으로 신고하고, 가능하면 경찰에 모욕죄로 고소하라고 말씀을 드렸습니다.

그렇게 학폭위가 개최되고 나서 오늘 그 어머니가 학폭위 결과에 대해서 통보해 줍니다.

"소장님, 가해 학생은 1, 2, 3호 조치가 나왔습니다."

"그래요? 잘되었네요."

"그런데 불안합니다."

"왜요?"

"가해 학생 측은 행정 심판을 청구한 상태이고요. 아마도 행정 심판에서 기각이 되면 행정 소송으로도 갈 듯합니다."

"잘된 일이네요."

"네? 그게 왜 잘된 일인 거죠?"

"가해 학생 측이 청구한 행정 심판은 아마도 기각이 될 겁니다. 행정 소송도 마찬가지일 겁니다.

만약에 가해 학생 측이 행정 심판을 준비한다면 아마도 행정사 또는 변호사를 선임했을 가능성이 높습니다. 변호사를 선임하고도 기각이 된다면 가해 학생 측은 몇 백만 원의 경제적 손실을 입을 것이고, 원하는 결과도 얻지 못할 테니 잘된 일이지요."

"그래도 불안합니다. 그리고 학폭위 선도 조치도 약한 것 같고요."

"어머니, 학폭위 선도 조치가 결코 낮은 것이 아닙니다. 신체적 폭력도 아니고 언어폭력인데 학폭위에서 1, 2, 3호의 선도 조치가 나왔다는 것은 가해 학생이 2차 가해를 했다는 것을 그대로 인정했다는 이야기입니다.

즉 작년에 진행한 학교폭력에 이어서 동일한 피해 학생에게 학교폭력을 했다는 것을 그대로 인정했다는 것이고, 엄중하게 판단했다는 것입니다."

"그렇지 않아도 담당 학교폭력 장학사님께서도 소장님하고 똑같은 말씀을 하더군요.

원래 이 사안은 가볍게 끝날 사안인데 생각보다 무겁게 선도 조치된 이유가 가해 학생이 재범이라는 점, 2차가해라는 것을 그대로 인정했다는 의미라고 이야기하더군요."

"그리고 이 사안은 모욕죄로 경찰에 고소도 된 상황이잖아요?"

"네, 그러지 않아도 며칠 전에 경찰에서 기소 의견으로 검찰에 송치하겠다고 통지를 받았습니다."

"네, 이제는 절차대로 진행을 하시면 됩니다. 아마도 가해 학생은 더 이상 아들에게 접근하지 못할 겁니다. 아들에게 이야기해 주세요. 앞으로는 가해 학생이 오히려 아들을 피해 다닐 거라고 말입니다."

"네 소장님, 아들 일로 막막하고 힘들 때 가장 생각나는 분이십니다. 늘 감사드립니다."

"형사 고소와는 별개로 민사 소송도 바로 진행하셔도 됩니다. 그렇게 하나둘씩 소송장이 송달되고 나면 가해 학생 부모들은 그때가 되서야 무언가 잘못되었다고 느끼겠지요.

가해 학생에게 최대의 형벌은 학폭위 선도 조치가 아니라, 자신의 잘못된 행위로 인해 부모가 괴로워하는 모습을 보는 것입니다. 지치지 마시고 끝까지 민사 소송을 진행하시기 바랍니다. 어차피 시간은 우리 편일 테니까요."

"네, 감사합니다. 소장님."

학교폭력 피해 자녀 부모들은 학교폭력으로 신고를 하고 나서, 혹시나 가해 학생에게 또다시 2차 가해를 당하지 않을까 걱정을 합니다. 그러다 보니 자연스럽게 피해 자녀는 위축될 수밖에 없습니다.

일전에 블로그에도 글을 썼지만 걱정하지 마세요.

또다시 그런 일들이 일어나면 학교폭력으로 또 신고하고, 경찰에도 신고하면 됩니다.

가해 학생에게 학폭위 선도 조치는 별다른 불이익이 없습니다. 그렇기 때문에 민사 소송을 통해서라도 손해배상을 청구하라고 이야기합니다.

피해 학생 가족에 대한 경제적 보상이 가해 학생 측에게는 사회적 처벌이 될 수도 있기 때문입니다.

그러한 경제적 보상은 피해 학생에 대한 보상이기도 하지만, 본질적으로는 자녀를 잘못 키운 가해 학생 부모에 대한 사회적 벌금이라고 생각하면 됩니다.

우리나라의 법이 재범의 범죄자들에게 관용을 베풀지 않듯이 학폭위도 지속적으로 학교폭력을 한 가해 학생들에게 관용을 베풀지는 않습니다.

학폭위의 선도 조치가 미약하다고 한탄하거나 실망하지 마세요. 현재의 학교폭력 시스템에서 선도 조치는 처벌로서의 의미가 크게 없습니다.

가해 학생과 부모들에게 책임을 묻고 싶다면 그들에게 민사 소송을 통하여 사회적 벌금을 내게 하면 됩니다.

경제적 부담이 어쩌면 가장 현실적인 사회적인 처벌일 수도 있습니다. 가끔 민사 소송을 진행하게 되면 시간이 너무 오래 걸린다고 소송 자체를 꺼려하시는 분들이 있습니다.

시간이 오래 걸린다는 것은 오히려 가해 학생 측에게 더 압박으로 작용할 수 있습니다.

그들에게 해결되지 않은 근심이 될 수도 있고, 또 다른 스트레스가 될 수도 있기 때문입니다.

생각을 한번 해 보십시오. 학폭위가 끝나고 선도 조치 결과가 나오면 가해 학생 측은 아마도 머리 아픈 모든 일들이 이제 다 끝났다고 홀가분하게 생각할 것입니다.

그런 그들에게 아주 오랜 시간이 지나고 나서 손해 배상 청구에 대한 소송장이 송달이 된다면, 그들은 그때부터 압박감을 느낄 것입니다.

시간이 오래 걸린다고 민사 소송을 꺼릴 이유가 없습니다.

단, 가해 학생의 2차 폭력으로 인하여 다시금 학교폭력으로 신고를 한다면 단순히 정황과 진술만 가지고는 안 됩니다. 앞서도 말씀드렸지만 제3자가 폭력이라고 인식할 만한 증거가 필요합니다.

혹시 우리 자녀가 2차 가해로 힘들어한다면 자녀에게 부모들이 먼저 이야기해 주어야 합니다.

'이제부터 하나둘씩 증거를 모아서 가해 학생과 그 부모들에게 더 통쾌하게 복수를 해 주자'라고 말입니다.

전략은 디테일(detail)에서 시작이 됩니다.

10:❖

성 관련 학교폭력을 바라보는 단상
(feat. 중·고등 자녀를 둔 부모 필독)

초등학교 6학년 딸을 키우다 보니 아무래도 성 관련 학교폭력 사안에 대해서는 단호합니다.

얼마 전에 여자 화장실에 들어가 여학생의 신체 일부를 찍었던 초등학교 남학생의 사안에 대해서도 부모가 단호하게 대처해야 한다고 조언을 드렸습니다.

하지만 심각한 성 관련 학교폭력 사안임에도 불구하고 학교폭력대책심의위원회(이하, '학폭위')에서 이해할 수 없는 선도 조치 결과를 받았습니다.

이 사안은 피해 부모와 협의 후에 제가 JTBC 기자에게 제보를 하여 언론에서 이슈화되었던 내용입니다.

부모가 자녀들에게 성인지 교육을 시켜야 합니다.

자칫하다가 우리 자녀들이 몇 년 전 언론에 떠들썩했던 또 다른 'N

번방'에 피해를 입을 수 있기 때문입니다.

그런데 한편으로 저는 고등학교 1학년 아들도 키우고 있습니다. 성 관련 학교폭력 사안에 대해서 당연히 단호하게 대응해야 하지만, 자칫하다가는 의도치 않게 남자 아이들이 성 관련 학교폭력 사안에 연루될 수 있습니다.

그래서 저는 상담 사례 또는 언론에서 이슈화되는 성폭력 사안에 대한 Insight에 대해서는 꾸준하게 아들과 공유를 하고 있습니다.

성범죄는 물론 단호하게 처리해야 되는 것이 맞지만 현재의 분위기에서는 그 누구든 의도치 않게 성폭력 가해자로 연루될 수 있기 때문입니다.

딸을 키우는 아빠의 입장에서, 아들을 키우는 아빠의 입장에서 단호하게 대처해야 함과 동시에 조심스러워지는 것이 바로 성관련 학교폭력이지 않을까 생각해 봅니다.

어느 중학교 2학년 아들이 성 관련 학교폭력에 연루되었습니다. 피해 학생이라고 주장하는 여학생은 그전부터 아들과 꾸준하게 교류가 있었고 친하게 지내던 사이였는데, 어느 날 갑자기 피해 여학생은 아들이 학교 복도를 지나가다 자신의 가슴을 만졌다고 주장합니다.

결국 이 사안은 성관련 학교폭력으로 신고 되어 중학교 2학년 아들은 순식간에 성범죄자로 낙인이 찍혀 버렸습니다.

해당 남학생의 아버지는 저에게 눈물로 호소합니다.

"소장님, 아들에게 몇 번을 확인해 봐도 그 여학생의 가슴을 만지지 않았다고 합니다. 아들의 이야기는 손에 쥐고 있던 파일철이 가슴에 닿았을 수는 있는데, 그 여학생이 주장하는 것처럼 손으로 만지지 않았다고 합니다."

"혹시 CCTV 영상은 확인해 봤나요?"

"네, 영상은 확인해 봤는데 선명하지가 않아서 실질적으로 실체적 진실을 규명하기에는 좀 어렵습니다."

"아, 어렵네요. 큰일입니다. 더욱이 이 사안은 실체적 진실이 중요하지 않게 되었습니다. 아들은 이미 성범죄자로 학교에 소문이 났고, 학폭위에서 실체적 진실이 밝혀질지는 모르겠지만 학폭위의 결정이 의미가 없어졌습니다."

"그러지 않아도 아들과 전혀 교류가 없는 낯선 아이들에게 '성범(성범죄자)'이라고 메시지가 오기 시작했습니다.

도대체 어떻게 해야 할까요?"

"일단 이 사안은 변호사를 선임하셔야 합니다. 변호사는 학교폭력 전문 변호사가 아닌 성범죄 전문 변호사를 선임하는 것이 나을 듯합니다.

그리고 아들에게 '성범'이라고 놀리는 아이들, 아들을 성범죄자로 지칭하는 아이들을 구분해서 허위사실 유포에 의한 명예훼손으로 고소하는 것을 변호사와 상의해 보세요.

이 부분에 대해서 단호하게 대처하지 못하면 아들을 점점 더 조롱하며, 허위사실을 퍼뜨리는 아이들이 많아질 것입니다."

"네 알겠습니다."

물론 여학생의 입장에서는 성추행이라고 인식할 수 있습니다. 현재의 성폭력은 피해자가 성적 수치심을 인식한다면 성폭력으로 볼 수 있기 때문입니다.

그러나 제가 다소 의심스러운 것은 피해 여학생의 진술이 계속 바뀌고 있다는 사실입니다.

처음에는 '가슴을 움켜쥐었다'고 진술하였고, 그 후 '가슴을 만졌다'고 진술하고, 최종적으로는 '가슴에 닿은 것 같다'고 진술한다는 사실입니다. 진술이 일관되지 않는다는 의미는 거짓일 가능성이 높습니다.

그 여학생과 남학생의 관계를 다시 한번 살펴볼 필요가 있습니다. 남학생의 아버지는 원래부터 친한 사이였다고 이야기하지만 친한 사이임에도 어느 순간 여학생이 남학생을 단순히 학교폭력도 아닌 성 관련 학교폭력으로 신고를 했다면, 그전에 둘 사이의 관계가 악화되었을 그 무언가가 있을 수도 있습니다.

행위를 입증할 만한 증거가 있으면 당연히 성 관련 학교폭력으로 조치 받아야 합니다.

하지만 이 사안은 피해를 입증할 만한 목격자도 없고, 오로지 피해 학생의 진술 외에는 아무것도 없습니다.

거기다가 피해 여학생의 진술이 계속적으로 번복되고 있습니다. 이런 상황에서 학교전담 경찰관과 여성 청소년계 수사관조차 이미 아들을 성폭력 피의자로 인식하여 조사하는 듯한 분위기를 보이고 있다는 사실입니다.

이 사안은 학폭위에서 실체적 진실을 파헤칠 수 없습니다.

지금의 분위기로 보았을 때 아마도 학폭위의 선도 조치는 경찰 조사가 끝난 후에 재심의를 통하여 결론을 내리거나, 남학생을 그대로 성폭력 가해 학생으로 선도 조치 할 가능성이 높아 보입니다.

게다가 학폭위 선도 조치 결정과는 무관하게 이미 남학생은 학교에서 성범죄자로 낙인이 찍혀 버렸습니다.

어쩌면 남학생은 학교 전학을 심각하게 고민해야 하는 상황으로 내몰리고 있고, 자퇴를 해야 되는 상황이 될 수도 있습니다.

남학생을 비호하고 싶은 생각은 없습니다.

저는 그저 파편된 정보만을 듣고 판단하기 때문입니다.

다만 현재의 학교폭력 시스템 상, 더욱이 성 관련 학교폭력 사안은 민감하게 접근할 필요가 있습니다.

피해 여학생의 진술만으로 평범한 남학생이 어느 순간 성범죄자로 낙인이 찍힐 수 있기 때문입니다.

중·고등학교 남학생을 키우는 부모들에게 말씀드립니다.

성 관련 학교폭력 사안에 대한 경각심을 자녀들에게 알려주셔야 합니다.

어느 순간 피해 여학생의 말 한마디로 아이들이 성 관련 가해 학생으로 특정될 수 있다는 사실을 말입니다.

여학생들과 불필요하게 신체적 접촉을 하면 안 된다고 교육해야 합니다.

그리고 언제나 언행을 조심해야 할 필요가 있다고 이야기해야 합니다.

관계가 좋을 때는 서로 기분 좋게 농담으로 받아넘길지 몰라도 관계가 틀어지거나 악화가 되면, 예전에 아무렇지 않게 농담으로 받아넘긴 그 언행들이 성 관련 학교폭력 사안으로 신고가 될 수 있기 때문입니다.

현재의 학교폭력 시스템에서 우리 자녀도 어느 순간 성 관련 학교폭력 가해자로 특정될 수 있습니다.

남의 일이 아닙니다. 부디 억울한 일을 당하지 않기를 바랍니다.

11 :

성 관련 학교폭력 가해 학생을 도운 이유
(feat. '조치 없음')

"소장님, 저는 학교폭력대책심의위원회(이하, '학폭위')에서 '서면 사과'만 나왔으면 좋겠습니다."

"제 생각은 다릅니다. 이 사안은 '조치 없음'으로 나와야 합니다."

"조치 없음이 나오면 저희는 너무 좋죠. 그런데 성 관련 학교폭력 사안인데 소장님 말씀처럼 '조치 없음'이 나올까요?"

"나오게 해야지요, 지금부터 제 이야기를 잘 들으세요."

"네 소장님."

"아버님께서 보내 주신 자료를 제가 다 읽어 봤는데 전체적으로 수정해야 합니다. 일단 자료의 양이 너무 많습니다.

더욱이 많은 내용을 담다 보니 무슨 내용인지 가독성이 떨어집니다. 제가 일일이 장표를 손으로 그려 드릴 테니 아버님은 이대로 자료를 다시 수정하세요."

"네 알겠습니다."

"첫 번째 장에는 발생된 학교폭력 사안에 대한 프레임을 정의할 필요가 있습니다.

그 프레임에 대한 내용을 한 장 표에 눈에 띄게 잘 정리를 하세요. 그리고 두 번째 장에는…. 세 번째 장에는…. 네 번째 장에는…. 이렇게 정리를 하셔서 전체 분량을 10페이지 이내로 정리하세요."

"네 알겠습니다, 소장님."

"자료를 다 작성하면 최종적으로 저에게 한 부 보내 주시고, 자료 확인한 후에 제가 최종 피드백을 하겠습니다.

그런 다음 학폭위 심의 개최 전에 모든 자료들을 장학사에게 이메일로 보내 주고, 당일 심의 위원들에게 배포해 달라고 요청하세요.

학폭위에 참석하시면 어머님은 최대한 발언을 지양하시고, 아버님이 직접 이야기하세요. 이야기를 할 때는 작성했던 자료의 내용을 모두 머릿속에 넣으시고, 정리해서 각각의 중요한 부분들에 대해서만 이야기를 하세요. 길게 시간을 끌며 이야기할 경우에 학폭위 위원장이나 학교폭력 장학사가 제지할 수 있습니다. 가장 중요한 부분들만 이야기하세요."

"네 알겠습니다."

"저의 목표는 '조치 없음'입니다. 서면 사과도 나오면 안 됩니다. 저는 이 사안을 처음부터 '조치 없음'을 염두에 두고 조언을 드렸습니다.

그동안 제 생각을 말씀드리지 않은 이유는 행여나 제 예상과 달리 결과가 나올 경우에 부모들이 더 상처를 받을까 봐 걱정돼서입니다. 우리의 목표는 '조치 없음'이어야 합니다. 명심하세요."

"네 알겠습니다. 소장님."

학폭위 개최 4일 전에 성 관련 학교폭력 가해 학생 어머님, 아버님과 만나서 최종적으로 자료에 대해서 조언을 드렸고, 제 개인적인 생각도 조심스레 말씀을 드렸습니다.

단순한 학교폭력 사안도 아니고, 성 관련 학교폭력 사안에 대해서 제가 부모들에게 조심스레 이야기 한 이유는 이와 비슷한 성 관련 학교폭력 상담 사례가 있었고, 여러 정황상 우리 측에서 충분히 소명할 수 있는 직·간접적인 증거들이 있었기 때문입니다.

그렇게 학폭위가 끝나고 나서 일주일 후에 가해 학생 측 어머니에게 연락이 옵니다.

"소장님, 학폭위 선도 조치 결과가 나왔습니다. 소장님 말씀처럼 '조치 없음'이 나왔습니다. 정말 감사합니다."

"네 다행이네요, 고생 많으셨습니다."

"남편보다 먼저 소장님께 소식을 알려드립니다. 정말 정말 고맙습니다."

"아들이 마음고생이 심했을 겁니다. 아들을 따뜻하게 위로해 주시고 학폭위 선도 조치가 '조치 없음'이 나왔더라도, 상대 피해 여학생에게는 저와 약속했던 것처럼 지속적으로 사과의 뜻을 밝히시기 바랍니다. 그리고 아마도 상대 학생 측은 학폭위를 불복하고 행정심판을 제기할 수도 있습니다. 참조하시기 바랍니다."

"알겠습니다. 소장님, 정말 감사합니다."

성 관련 학교폭력은 당연히 엄격하고, 엄중하게 적용되어야 하는 것이 맞습니다.

저 또한 딸을 키우고 있는 부모로서 성 관련 학교폭력 사안은 보다 신중하게 판단해야 한다는 것이 철칙입니다.

일반 학교폭력 사안과 달리 성관련 학교폭력으로 신고가 되면, 가해 학생이라고 의심받는 학생은 꼬리에 꼬리를 무는 소문으로 힘들어할 수 있습니다.

또한 성폭력범으로 낙인이 찍혀 심각하고 되돌릴 수 없는 상처를 받게 됩니다. 그래서 성 관련 학교폭력은 발생된 사안의 인과 관계가 무엇보다 중요합니다.

금번 성 관련 학교폭력 사안의 내용을 듣고 제가 적극적으로 도왔던 이유는

첫 번째, 의도치 않은 신체적 접촉이었습니다. 쉬는 시간에 교실을 나오면서 남학생은 검은색 후드티를 입은 학생을 발견하였고, 당연히

자신의 동성인 남자 친구인 줄 알고 뒤에서 팔을 벌려 껴안는 행위를 취합니다.

그러나 그 학생은 자신의 동성 친구가 아닌 옆 반의 여학생이었습니다. 남학생은 순간 놀라서 당황하였고, 자신의 행위가 큰 실수를 했다는 것을 깨달아 잠시 후 그 여학생에게 사과를 합니다.

두 번째, 특정 부위 접촉에 대한 실체적 진실이 불분명합니다. 여학생 측은 가해 학생이 의도적으로 특정 부위에 신체적 접촉을 했다고 일방적으로 주장하지만 실제 그 부분에 대해서는 논란이 있습니다.

더욱이 남학생과 여학생은 다른 반이었고 서로 알지 못하는 상황이었기 때문에 의도적인 신체 접촉을 할 만한 합리적인 이유가 없습니다.

세 번째, 남학생은 여학생에게 지속적으로 사과의 뜻을 전했습니다. 여학생은 특정 부위 접촉에 대해서 강력하게 주장했지만, 남학생은 순식간에 일어난 일이었고 전혀 인지하지 못했습니다.

다만 남학생이 사과의 뜻을 전한 것은 특정 부위에 대한 신체적 접촉이 아닌 자신의 실수로 상대 여학생을 놀라게 한 것에 대한 사과였습니다. 남학생은 충분히 그 여학생에게 미안해하며 반성하고 있다고 저는 인지하였습니다.

네 번째, 만약 이러한 사안이 성 관련 학교폭력으로 인정된다면 이는 좋지 않은 선례가 될 수 있기 때문입니다.

앞서 말씀드린 바와 같이 성 관련 학교폭력 사안은 엄격하게, 엄중하게 진행되어야 합니다.

그러나 의도치 않은 신체적 접촉 모두가 성 관련 학교폭력 사안으로 신고 되어 선도 조치를 받게 된다면, 단순히 여학생들의 일방적인 진술만으로 모든 남학생들이 잠재적인 성 관련 학교폭력 가해 학생으로 특정될 수 있기 때문입니다. 이렇게 되면 여학생들과의 모든 접촉들이 향후에는 성 관련 학교폭력으로 신고 될 수 있습니다.

불가피하게 일어날 수 있는 의도치 않은 신체적 접촉 모두를 성 관련 학교폭력으로 인식한다면, 이는 앞으로 학생들 간의 '젠더' 갈등을 더 부추기는 결과를 가져올 것입니다.

전체적인 사안에 대해서 어머님에게 이야기를 듣고 관련 자료들을 검토하면서 제가 보다 적극적으로 도와드리지 않는다면, 멀쩡한 아들이 순식간에 성추행범으로 낙인이 찍혀 살아갈 수도 있겠다는 생각을 했습니다.

상담을 진행하면서 어머님과 아버님은 저의 조언을 전폭적으로 수용하였습니다. (그렇다고 제가 무슨 특별한 능력이 있는 것은 아닙니다. 더욱이 선도 조치 받아야 할 사안을 제 능력으로 '조치 없음'으로 나오게 한 것이 아닙니다. 내용을 왜곡하거나 오해하지 않기를 바랍니다.)

요즘 들어서 성 관련 학교폭력 사안에 대한 상담이 점점 늘어나고 있습니다.

피해 여학생에 대한 상담도 늘어나지만, 무엇보다 의도치 않은 신체적 접촉으로 억울하게 성폭력범으로 낙인이 찍힌 남학생들의 상담 수도 늘어나고 있습니다.

폭력의 기준은 물론 피해자가 결정하는 것입니다. 그러나 폭력의 정의는 제3자가 판단하는 것입니다.

폭력의 기준이 그 누구도 설득할 수 없는 논리라면 이는 폭력이라고 단정 지을 수가 없습니다.

금번 성 관련 학교폭력 상담을 진행하면서 만약 남학생의 부모가 아닌 피해 여학생의 부모가 나에게 상담을 의뢰하였다면 어떻게 이야기했을까? 똑같은 이야기를 할 수 있을까? 하고 제 스스로에게 자문을 해 봅니다.

아마도 피해 여학생의 부모가 저에게 상담을 의뢰했다면 학폭위 개최보다는 학교전담기구에서 진행하는 것을 조심스레 제안했을 것입니다.

앞으로도 저는 좀 더 객관적인 시각으로 학교폭력 사안에 접근하려고 노력할 것입니다.

그것이 피·가해 부모들에게 더 큰 도움이 되기 때문입니다.

[이해준학교폭력연구소]는 학교폭력 피해 가족들과 소통하며 슬기로운 해결 방법이 무엇인지 함께 고민하고, 함께 이야기하도록 하겠습니다. 최종 판단은 부모의 몫입니다.

12:

주워 담을 수 없는 말의 대가
(feat. 무죄 추정의 원칙)

"소장님, 일전에 억울하게 성추행 가해 학생으로 몰린 남학생의 아버지입니다."

"네. 아버님, 그러지 않아도 연락을 드리려고 했었는데 학교폭력대책심의위원회(이하, '학폭위') 결과는 나왔나요?"

"네. 소장님, 아들은 성추행 가해자에서 누명을 벗었습니다. 학폭위에서는 증거 불충분으로 조치 없음으로 나왔습니다."

"아, 정말 다행입니다. 나머지 남학생들은요?"

"아들에게 '성범죄자 새끼'라고 욕하고, 허위 소문을 퍼뜨리고, 메신저로 조롱했던 아이들은 모두 4호(사회봉사) 조치를 받았습니다. 강제 전학이 나오길 바랐는데 아쉽네요."

"그 정도의 사안으로 강제 전학이 나오지는 않습니다. 생각보다 가해 학생들이 높은 선도 조치를 받은 겁니다.

보통 언어폭력 사안은 3호(교내봉사) 조치가 나오는 것이 일반적인데, 4호(사회봉사) 조치를 내렸다는 것은 학폭위에서 성 관련 언어폭력으로 인식했다는 의미입니다. 다행입니다.”

　“그런데 소장님 더 화가 나는 것은 아들을 성추행범으로 신고했던 여학생의 담임교사입니다.”

　“담임교사가 왜요?”

　“여학생의 이야기만 듣고 아들을 불러서 지속적으로 사과를 요구했고, 몇 번씩이나 공개된 자리에서 아들을 회유하는 발언을 했습니다.”

　“어떤 식으로요?”

　“학교 선생님들도 다 알고 있다는 식으로 이야기하면서 지속적으로 아들에게 사과를 요구하였습니다.”

　“아니, 교사들은 그렇게 할 수 없습니다. 학폭위 선도 조치가 나오기 전까지는 그 누구도 피해, 가해 학생을 임의적으로 구분할 수 없습니다.”

　“그래서 제가 더 화가 납니다. 그 교사에 대해서 문제 제기를 하고 싶은데 가능할까요?”

　“만약에 그 담임교사가 아들을 성추행 가해 학생으로 특정하여 다른 교사들에게 이야기했다면 공연성이 인정이 되어 허위 사실 적시에 의한 명예 훼손이 될 수도 있고, 아들에게 사과를 강요하여 정신적으로 피해를 주었다면 아동 학대가 될 수도 있겠지요. 이 부분은 변호사와 상담해 보시기 바랍니다.”

"네, 알겠습니다. 처음에 소장님과 상담하고 나서 말씀해 주신 대로 변호사를 선임해서 바로 대응하였고, 아들에게 성범죄자 새끼라고 욕한 아이들 모두를 학폭위와 경찰에 형사 고소하라고 조언해 주셔서 정말 많은 도움이 되었습니다.

학폭위 결정문을 받고 나서 제일 먼저 이렇게 소장님께 연락드린 겁니다."

"아버님께서 침착하게 이성적으로 잘 대응하셨습니다. 그동안 정말 고생하셨습니다. 아들한테도 제가 응원한다고 꼭 전해 주십시오."

"정말 감사합니다. 소장님."

중학생 아들이 억울하게 성추행범으로 누명을 썼던 학교폭력 사안입니다. 처음에는 가해 학생일지도 모른다는 생각으로 상담을 했었지만 전체적인 상황의 이야기를 들으면서 피해 여학생의 최초 진술이 계속 번복된다는 점과 진술을 뒷받침할 만한 합리적인 근거가 미약하다는 것을 알게 되었습니다. 그리고 학교폭력 상담을 하면서 의외로 남학생들이 억울하게 성폭력으로 신고 되는 사안이 많다는 것을 알게 되었습니다.

성폭력 가해 학생으로 낙인이 찍힌 아들은 심한 우울증을 앓았고, 가족 모두가 패닉 상태에 빠졌습니다.

더욱이 아들의 성폭력 사안이 학교폭력으로 신고 되었다는 소문이 퍼지면서 다른 남학생들에게 '성범죄자 새끼'라는 말을 들었으며 급기야 아들은 억울함에 자해 시도까지 했었습니다.

아버님의 이야기를 듣고 나서 당시 아들에게 '성범죄자 새끼'라고 한 아이들 모두를 구분하여 학교폭력 및 경찰에 고소하라고 조언을 해 드렸습니다.

만약 그 당시에 강경하게 대응하지 못했다면 아들은 더 큰 수렁 속에 빠져 고통을 당했을 것입니다.

우리나라 헌법에는 '무죄 추정의 원칙'이라는 것이 있습니다. 법원에서 유죄 판결이 되기 전까지 피고인을 무죄로 대한다는 원칙입니다.

이는 인간의 인권에 기반합니다.

법원의 결정이 내려지기 전까지 낙인 효과를 없애기 위함이고, 최소한의 인간의 권리를 보호하기 위한 장치입니다.

학교폭력에서도 이러한 무죄 추정의 원칙이 적용됩니다.

물론 학폭위와 법원의 기능과 역할이 다르기는 하지만, 학교폭력은 우리나라의 헌법의 궤를 따라갑니다.

일반적으로 학교폭력이 발생이 되면 피해 학생과 가해 학생을 구분하지 않습니다.

용어 자체도 관련 학생이라고만 지칭할 뿐 그 누구도 공식적으로 피해, 가해 학생이라고 지칭할 수 없습니다.

이는 학폭위의 결정이 나오기 전까지 무죄 추정의 원칙에 기반한 것입니다.

또한 학교폭력이 발생되면 피·가해 학생의 정보들이 함부로 노출되어서는 안 됩니다. 이는 학교폭력 예방법에 비밀 유지 조항에 있으며, 해당 담임교사와 학교폭력 담당 교사 외에는 피·가해 학생이 누구인지 알 수가 없습니다.

만약 이러한 사실들이 교사들을 통하여 확산이 된다면 교사는 징계의 대상이어야 합니다.

앞서 말씀 드린 '성폭력 범죄자 새끼'라고 조롱하고 욕했던 아이들은 우리나라 헌법의 가치를 훼손하였습니다.

모든 국민은 무죄 추정의 원칙에 입각하여 인권을 보호받을 수 있음에도 불구하고 그 남학생들은 자신들의 생각 없는 말 한마디로 크나큰 후폭풍을 맞이하게 되었습니다.

피해 학생이라고 주장하는 여학생의 담임교사도 법률적인 책임에서 자유로울 수 없습니다.

학교폭력에서 학교와 교사는 중립의 의무가 있습니다. 학폭위의 결정이 나오기 전까지 함부로 피·가해 학생을 구분할 수 없으며, 그 누구에게도 사과를 강요할 수 없습니다.

그러나 그 담임 교사는 발생된 학교폭력에 대한 결과가 나오기 전에 성추행 사실을 기정사실화하였으며, 끊임없이 남학생을 호출하여 사과를 요구하였습니다.

이는 교사가 학교폭력 사안을 해결하기 위한 중재의 역할을 했다기보다 임의적으로 남학생을 성폭력 가해자로 판단했다고밖에 생각할 수 없습니다.

이 문제를 이슈화할 경우 제 생각에 이 담임교사는 허위 사실 적시에 의한 명예 훼손, 아동 학대 등에 법률적 책임을 질 수 있으며 교육청에서 징계를 받을 수도 있습니다.

아무 생각 없이 나온 말 한마디의 대가는 큽니다.

'성범죄자 새끼'라고 욕을 하고 조롱했던 아이들은 형사 고소되었고, 별도로 피해 남학생의 아버님은 민사 소송까지 갈 것입니다. 확정되지 않은 성폭력 학교폭력 사안을 임의로 판단하였던 담임교사 또한 여러 법률적인 책임을 지게 될 것입니다.

한 번 내뱉은 말은 절대 주워 담을 수 없습니다.

그렇다면 자신이 내뱉은 말에 책임을 져야겠지요.

자녀들에게 알려주셔야 합니다.

확인되지 않은 사실을 마치 사실인 양 다른 이들에게 말을 옮긴다면 추후에 그 후폭풍은 본인이 감당해야 한다는 사실을 말입니다.

13 ❖

모두 다 알아서 해 줄 것이라는 착각
(feat. 학교폭력 변호사)

"소장님, 변호사 선임 전에는 언제든 연락하라고 했는데
막상 선임하고 나서는 변호사와 전화 연결이 너무 어렵습니다."

[A 피해 자녀 부모]

"변호사가 학교폭력 처리 절차를 저보다 더 모르는 것 같습니다.
오히려 변호사가 저에게 물어봅니다."

[B 피해 자녀 부모]

"학교폭력대책심의위원회(이하, '학폭위')에서 변호사가
주요 쟁점이 아닌 전혀 다른 사안에 대해서만 이야기를 했습니다.
그래서 정작 소명되어야 할 사안에 대해서는
아무것도 이야기를 하지 못하고 나왔습니다."

[C 피해 자녀 부모]

"당장 내일모레 학폭위가 개최되는데
변호사에게 아무런 연락이 없습니다.
제가 어떻게 준비를 해야 할지 몰라서 너무 불안합니다."

[D 피해 자녀 부모]

"학폭위 끝나고 변호사가 걱정하지 말라고 이야기를 했지만,
학폭위 결과 오히려 피해자인 아들이
가해 학생으로도 선도 조치를 받았습니다.
아들에게 어떻게 이야기를 해야 할지 모르겠습니다."

[E 피해 자녀 부모]

요 근래에 학교폭력 피해 부모들이 변호사를 선임하고 나서 저에게 이야기했던 하소연입니다.

[이해준학교폭력연구소]에서는 학교폭력 변호사 선임에 신중을 기해야 한다고 지속적으로 강조하고 있습니다.

하지만 여전히 맘 카페를 비롯하여 인터넷 커뮤니티에서는 학교폭력이 발생되면 무조건 변호사를 선임해야 한다고 부추기고 그것을 불문율처럼 여기는 듯합니다.

물론 가정에 경제적 여유가 있어서 고액의 비용을 들여 변호사를 선임한다면 그것은 부모들의 자유 의지입니다.

하지만 제가 우려를 표하는 이유는 일반적인 가정에서 평균 500만원에서 최고 1,000만 원이라는 고액의 비용을 들여 변호사를 선임하였음에도 불구하고 일부의 변호사들에게 상처를 받는 피해 부모들이 계속해서 늘어나고 있기 때문입니다.

변호사를 선임하고도 원하지 않는 학폭위 선도 조치 결과까지 받게 되면 가정의 경제적 부담은 물론이고 부모들의 자괴감과 무기력감은 더 커지게 됩니다.

그러한 무기력이 결국에는 가족 모두에게 우울감으로 확대됩니다. 왜 자꾸만 피해 자녀 부모들의 이러한 하소연이 반복될까요? 이는 학교폭력 피해 자녀 부모들의 착각에서 시작된다고 생각합니다.

• 변호사를 선임하면 진행되는 학교폭력 처리 과정에서 우위를 점할 것이라는 착각

대부분의 피해 부모들은 변호사를 선임하면 학교와 교사, 가해 학생 부모, 교육청 장학사, 학폭위 심의 위원들에게 변호사 선임에 대한 영향력이 일정 부분 작용하여 처리 과정에서 우위를 점할 것이라고 착각합니다.

그러나 학폭위는 법률적 절차가 아닌 행정적인 절차입니다. 변호사의 영향력이 일반 재판과정하고는 다르게 적용된다는 의미입니다.

더욱이 교육청 장학사, 학폭위 심의 위원들이 변호사를 선임했다고 해서 긴장하거나 위축되지 않습니다.

학폭위가 개최되어도 질의응답의 주체는 피해 학생입니다. 그렇기 때문에 변호사가 학폭위에 참석한다 하더라도 함부로 질의에 응답할 수 없습니다.

변호사는 그저 현 사안에 대한 의견서 정도와 최후 진술에서 법률적인 의견을 이야기할 뿐입니다.

학교폭력에서 변호사를 선임한다고 해서 우위를 점할 수 있다는 생각은 피해 부모들의 착각입니다.

• 변호사가 모든 처리 과정을 다 알아서 해 줄 것이라는 착각

변호사는 법률적 조력을 하는 사람들입니다. 학폭위가 행정 처리 절차이긴 하지만, 그 처리 절차가 법률을 기반으로 하기 때문에 변호사로부터 법률적 조력을 받을 수는 있습니다. 그렇다 하더라도 각각의 처리 과정에서 증거 수집이나 기타 소명되어야 할 직·간접적인 증거 확보 및 주장에 대한 논리 구성은 변호사가 아닌 피해 부모들이 해야 합니다.

변호사를 선임하면 학교폭력 처리 과정에 대한 조력은 받을 수 있겠으나, 그러한 처리 과정의 정보는 인터넷 검색을 통해서도 쉽게 습득할 수 있습니다.

변호사가 모든 것을 다 알아서 해 줄 것이라고 생각하면 안 됩니다.

변호사를 선임하여도 피해 부모들은 스스로 처리 과정에 대한 정보를 습득해야 하고, 해당 사안의 소명 자료 및 직·간접적인 증거가 될 만한 것이 무엇이 있는지 피해 부모가 고민해야 한다는 의미입니다.

학교폭력 처리 과정에서의 소명 주체는 변호사가 아닌 피해 자녀의 부모가 되어야 합니다.

• 고액의 비용을 들여 변호사를 선임하는 것이 자녀를 위한 것 이라는 착각

대다수의 피해 자녀 부모들은 경제적인 부담이 됨에도 불구하고 자녀를 위해 부모로서의 책임감으로 변호사를 선임합니다. 그런데 역으로 생각해 봅시다.

피해 부모들은 겉으로는 자녀를 위한 것이라고 이야기하겠지만 한편으로는 학교폭력이라는 가정의 위기를 부모가 아닌 변호사에게 모두 일임하겠다는 의미와도 같습니다.

즉, 학교폭력 처리 과정에서 주체가 되어야 하는 부모들이 오히려한 발짝 물러서겠다는 의미와 같다고 생각합니다.

변호사들의 하루 일정은 분 단위로 이루어집니다.

하루에도 몇 번씩 재판에 참석하는 경우도 있으며, 각각의 상담 및 소송 준비로 눈코 뜰 새 없이 바쁩니다.

더욱이 같은 소송이라 하더라도 선임 비용 및 일정에 따라 업무의 우선순위가 바뀌기도 할 것입니다.

피해 부모들의 입장에서는 전화 통화가 안 된다고 답답해하겠지만 변호사들은 우리가 생각하는 상상 이상으로 바쁠 수 있다는 것입니다.

또한 피해 부모에게는 변호사 선임비용이 고액이겠지만 변호사의 입장에서는 수임료 자체가 큰 금액이 아닐 수도 있습니다.

민·형사 사건에 대해서는 아마 별도의 성공 보수가 있을 것이고, 변호사 수임료는 해당 사건의 유형에 따라 달라집니다.

해당 학교폭력 사안이 피해 부모들에게는 가장 중요한 사건이지만 변호사의 업무 우선순위는 수임료로 구분될는지도 모릅니다.

변호사를 반드시 선임해야 한다면 발생된 학교폭력의 사안을 면밀히 검토해서 결정하시기 바랍니다.

부모들이 아무것도 모른다고 망연자실할 게 아니라, 오히려 학교폭력에 대한 더 많은 정보들을 습득하여 신중하게 고민하고 판단해야 합니다.

앞서 말씀드린 내용처럼 무조건 학교폭력 변호사를 선임하였다가는 오히려 회복할 수 없는 상처를 받을 수 있습니다.

충분히 고민한 다음에 변호사를 선임하여도 늦지 않습니다.

저는 학교폭력에서 극히 일부(강력 사건에 준하는 학교폭력, 성폭력 등)를 제외하고 변호사를 선임하는 것에 부정적인 편입니다.

학교폭력에서 변호사의 영향력이 극히 제한적이기 때문입니다. 또한 제가 상담한 피해 부모들의 경우 변호사를 선임하였다고 해서 학폭위 선도 조치 결과가 드라마틱하게 뒤바뀌지는 않았습니다.

강조하지만 학폭위에서 가장 중요한 것은 변호사 선임이 아니라 상대 학생 측에서 주장하는 내용에 대한 합리적인 반론과 소명이며, 심의위원들이 납득할 만한 스토리텔링이라고 생각합니다.

피해 부모들이 더 치열하게 고민해야 합니다. 학교폭력이라는 가정의 위기 상황에서 부모가 적극적으로 대처하는 모습을 보여 주시기 바랍니다.

부모들이 위기를 마주하는 자세에서 자녀들은 부모에 대한 신뢰감과 안정감을 느끼고, 상처를 치유합니다.

제가 그것을 경험하였고, 제가 상담한 많은 피해 부모들도 저와 같은 경험을 하였기에 말씀을 드립니다.

피해 부모들에게 변호사 선임이 또 다른 상처가 되지 않기를 기원합니다.

물론 피해 가족을 진심으로 위로하고 성심을 다하는 변호사분들이 더 많을 것이라고 생각합니다.

그러나 일부 변호사들의 문제라고 하기에는 너무나 많은 이야기들을 계속해서 반복적으로 듣고 있기 때문에 한 번 더 강조하여 이야기를 했습니다.

14:

21세기에 벌어지는 마녀사냥
(feat. 집단으로 자행되는 폭력의 크기)

중세 시대에 '마녀사냥'이라는 것이 있었습니다. 더 정확히 이야기하자면 '마녀재판'이지요. 마녀라는 용어의 정의조차 불분명했습니다.

겉으로는 신앙을 해치고 공동체에 해악을 끼친다는 이유만으로 시작되었지만 교회의 이단자를 마녀로 둔갑시켜 처형하였고, 타락하고 부패한 교회의 기득권을 지키기 위하여 자행된 끔찍한 일입니다.

이러한 '마녀사냥'은 정치적으로 전체주의의 산물로 보고 있습니다. 심리학에서는 집단 히스테리, 사회학에서는 집단이 절대적 신조를 내세워 개인에게 무차별로 탄압하는 행위를 의미합니다.

실제 역사적으로 인종 혐오, 인종 학살은 이러한 근현대에 벌어진 대표적인 마녀사냥이라고 이야기합니다.

중세 시대 마녀사냥이 끔찍했던 이유는 마녀라고 사람들에게 손가락질을 받는 순간 어떠한 해명을 할 기회조차 없었습니다. 그저 자신의 죽음으로 결백을 증명하는 것 외에는 말입니다.

 민주주의가 점차 발전하고 인터넷이 활성화되면서 마녀사냥의 양상도 자연스럽게 진화합니다.
 오히려 지금은 여론 재판이라는 용어로 다수가 한 개인에게 인격 살인을 하는 형태로 확대되고 있습니다.

 학교폭력에서 발생되는 사안도 점차 마녀사냥 식으로 확대되어 실체적 진실과는 별개로 여론재판이 되는 경우가 있습니다.

 중학교 2학년 남학생이 뜻하지 않게 성추행 관련 학교폭력으로 연루되었고, 반론권이나 방어권이 보장되었음에도 이미 학교에서는 성추행범이라는 오명으로 학교생활이 힘들어질 만큼의 상황으로 내몰리고 있습니다.
 더욱이 학교폭력에 대해서 기계적 중립을 표명하는 학교와 교사들조차 그 남학생을 잠재적인 성추행범으로 인식하는 언행들을 볼 때면 그들의 기계적 중립이 사안에 따라 달라지는 것인지 물어보고 싶습니다.
 앞에서도 말씀드렸다시피 성 관련 학교폭력 사안에 대해서는 엄격하게 처리해야 하는 것이 맞습니다.
 그러나 실체적 진실을 뒷받침할 증거도 없이 오직 피해 학생의 진술로만 이루어질 경우에는 다소 조심스럽게 접근해야 하는 것이 정당한 절차라고 생각합니다.

피해 여학생의 진술이 계속 번복되고 있는 상황이라면 더더욱 말입니다.

'마녀사냥'은 결국에는 자신의 죽음으로 '마녀'가 아님을 증명하였습니다.

거짓된 진술로 성추행범으로 몰렸던 중학교 2학년 남학생은 아무도 자신을 믿어 주지 않는다는 것에 괴로워하며 며칠 전 극단적인 시도까지 했었습니다.

그 이야기를 피해 부모에게 전해 들으며 저도 아들을 키우고 있는 같은 부모의 입장에서 무어라 말로 표현할 길이 없었습니다.

중세 시대에는 수십 만 명의 사람이 죽음으로 마녀가 아니라는 것을 증명하였고, 근 현대사에서는 단지 피부색과 언어가 다르다는 이유만으로 수백만 명의 사람들이 희생당했습니다.

확인되지 않은 가십의 정보들을 사실로 인식하는 것은 개인의 지적 문제입니다.

집단에 의하여 자행되는 이러한 폭력은 정신적인 충격이 상당하며, 고립감과 자책감이 깊어져 결국에는 극단적인 결과를 초래할 수도 있습니다.

확인되지 않은 가십의 이야기들을 바탕으로 내뱉은 나의 아무렇지 않은 말 한마디가 상대방에게는 비수가 된다는 것을 알고 있어야 합니다.

어느 순간 우리의 자녀들이 마녀사냥의 희생양이 될 수도 마녀사냥의 주동자, 방관자가 될 수도 있다는 이야기입니다.

집단에 의하여 자행되는 폭력의 크기는 가해자들에게는 아무렇지 않은 일이겠지만, 피해자들이 체감하는 고통은 우리가 상상하는 것보다 훨씬 더 큽니다.

확인되지 않은 사실을 아무렇지 않게 이야기하는 것 자체도 폭력이 될 수 있습니다.

우리 사회는 민주주의 사회입니다.

전체주의 산물인 마녀사냥식의 여론재판이 더 이상 우리의 일상에서 행해지지 않기를 바랍니다.

15:

포켓몬의 저주
(feat. 바늘 도둑이 소도둑 된다)

"아버님, 학교폭력대책심의위원회(이하, '학폭위')개최를 요구한 것은 가해 학생들에 대한 처벌이 아니라 '바늘 도둑이 소 도둑이 된다.' 라는 말이 있듯이 타인의 물건을 함부로 가져가고, 훼손하는 행위가 잘못된 일이라는 것을 학폭위에서 알려주어야 한다고 이야기를 하세요. 그것이 바로 학폭위의 존재 이유라는 것을 강조하시기 바랍니다."

초등학교 저학년 아들의 포켓몬 카드가 없어졌습니다.

친구들과 함께 놀다가 놀이터에 자신의 가방을 놓고 온 것을 뒤늦게야 알게 된 아들은 놀이터로 다시 가서 가방을 찾아 가지고 집에 돌아왔습니다.

가방을 확인해 보니 그동안 애지중지 모아 왔던 포켓몬 카드가 없어진 것을 알게 됩니다.

이 사안을 알게 된 부모들이 아파트 CCTV 영상을 확인해 본 결과, 같이 놀던 친구들이 아들의 포켓몬 카드를 가져가고 훼손하는 것을 보게 됩니다.

사안의 심각성을 인지하게 된 부모는 해당 학생 부모들에게 이야기를 하였고, 가해 학생들은 '몰카'라는 허무맹랑한 주장을 하며 카드를 돌려줬습니다.

그러나 일부의 훼손된 카드는 돌려받지 못하고, 나머지 훼손되지 않은 카드만 돌려받게 됩니다.

피해 학생의 아버지는 이 사안을 주동했던 가해 학생의 부모에게 훼손된 카드의 피해 보상을 요청하였으나, 가해 학생 부모는 돌려주겠다는 말만 할 뿐 초기 약속과는 달리 피해 보상에 대해서 해결하려는 의지도 보이지 않았고, 급기야 피해 학생 아버지의 연락도 받지 않았습니다.

결국 피해 학생의 아버지는 이 사안을 학교폭력으로 신고하였고, 학폭위가 개최됩니다.

처음 이 사안에 대해서 상담을 할 때 피해 학생 아버지에게는 선도 조치 자체가 높지 않을 것이라고 이야기를 했습니다.

아직 가해 학생들이 저학년이고, 피해가 크지 않다고 판단하여 학폭위에서 선도 조치를 받는다 하더라도 고작 1호(서면 사과), 2호(접촉 금지) 정도이지 않을까 조심스레 의견을 이야기했습니다.

그러던 중 학폭위 선도 조치에 대한 결과를 전해 듣습니다.

"소장님, 소장님께서 학폭위 전날 정리해 주신 내용 그대로 학폭위에서 발언했습니다. 그리고 가해 학생들 모두는 3호(교내 봉사)조치와 학생, 부모 특별교육 이수가 나왔습니다."

"선도 조치가 생각보다 높게 나왔습니다."

"네, 학교에서도 내심 당황해하는 눈치입니다."

"이 정도의 선도 조치가 나왔다는 것은 가해 학생들의 부모들 때문일 겁니다."

"그럴까요?"

"네, 아마도 가해 학생 부모들은 아이들끼리의 장난이었고, 오히려 자신들이 피해자라고 주장했을 것입니다. 타인의 물건을 허락 없이 가져가서 훼손시키고, 가져간 것에 대한 잘못을 인정하고 반성하기보다 자신들의 자녀는 잘못이 없다고 끝까지 주장했을 가능성이 높습니다. 그렇지 않고서는 이렇게 높은 선도 조치가 나올 수 없습니다."

"그러지 않아도 가해 학생 부모들은 자신의 자녀들도 피해를 입었다고 주장하며, 학폭위 결과에 불복하고 행정 심판과 집행 정지를 제기한다고 합니다."

"잘 되었네요."

"네?"

"변호사를 선임하여 진행한다면 그만큼의 경제적 비용이 들어가겠지요? 걱정하지 마세요. 행정 심판에서 인용되지 않을 겁니다."

"변호사도 소장님과 같은 의견이더군요."

"어차피 상대방 측은 지루한 소송 전으로 끝까지 갈 겁니다. 이렇게 된 이상 아버님도 학폭위 결정문을 근거로 민사 소송도 제기하시고 지치지 마세요."

"네 그렇게 하겠습니다."

생각보다 선도 조치가 높게 나왔습니다.

처음에 이 사안이 발생되었을 때 부모들이 진심으로 사과를 하고, 피해에 대한 복구를 노력했다면 아마 그냥 넘어갈 수 있었던 사안이었습니다.

실제로 피해 학생의 부모들도 사과 받는 선에서 마무리를 하려고 했으나, 가해 학생 부모들은 끝까지 자신들도 피해자라고 우기며 오히려 피해 학생을 학교폭력으로 신고하는 만행을 저질렀습니다.

사과하면 모든 것이 순조롭게 끝날 일들을 부모들의 잘못된 판단으로 초등학교 저학년인 가해 학생은 남의 물건을 탐하는 아이로 인식되었습니다.

가해 학생의 부모들은 가장 중요한 것을 간과하고 있습니다. 자녀들이 생활하다 보면 우발적인 폭력은 일어날 수 있습니다. 인간이 감정적인 동물이기 때문에 당연히 아이들 사이에서 일어날 수 있는 일들입니다.

그러나 남의 물건을 탐하고 훼손하는 행위는 우발적인 사안이라 하더라도 만약 그러한 사안의 심각성을 부모가 인지하지 못하면, 자녀는 성장하면서 또 다시 남의 물건을 탐할 수도 있습니다.

'바늘 도둑이 소 도둑이 되는 것'처럼 말입니다.

오히려 이번 사안을 토대로 자녀들에게 올바른 도덕적 규범을 알려 주어야 하는 것이 부모의 도리임에도 불구하고, 오히려 자신의 자녀가 피해자라고 항변하는 그들의 모습을 보니 그저 안타까울 뿐입니다.

더욱이 금번 선도 조치를 통하여 자녀가 남의 물건을 탐하는 것이 잘못되었다는 것을 진심으로 깨달았다면 오히려 가해 학생의 부모들은 피해 학생의 부모에게 더 고마워해야 하는 것은 아닌지 생각해 봅니다.

선도 조치가 높게 나온 것은 가해 학생 부모들의 잘못입니다.

학폭위에서 충분히 잘못을 반성하고 피해 회복을 위하여 노력하겠다고 진심으로 이야기를 했다면, 이는 1호(서면 사과) 조치로 끝났을 사안입니다.

부모들의 잘못된 판단과 그릇된 자녀 사랑이 오히려 자녀에게 독이 된 사례가 아닌가 생각해 봅니다.

자녀들에게 남의 물건을 탐하면 안 된다고 이야기해야 합니다. 장난이라고, 몰카라고 핑계를 대는 자녀가 있다면 따끔하게 이야기해야 하며, 자녀들이 최소한의 도덕적 기준을 가질 수 있도록 부모가 노력해야 합니다.

자녀의 잘못을 인정하지 않고, 무작정 자녀의 잘못을 덮어 주는 것은 사랑이 아닙니다.

부모는 자녀가 올바르게 성장할 수 있도록 지속적으로 도와주고, 가정 안에서 최소한의 도덕적 규범을 가르쳐야 합니다.

그리고 자녀들에게 함부로 남의 포켓몬 카드를 허락 없이 가지고 가면 안 된다고 이야기해 주세요.

그 카드를 모으기 위해 당사자는 온갖 노력을 기울입니다. 상대방의 노력으로 획득한 재물을 불공정한 방법으로 탐하게 된다면 "포켓몬의 저주"가 내려질지도 모릅니다.

이번 사안처럼 말입니다.

"바늘 도둑이 소 도둑이 됩니다."

16:

엄마들의 이간질, 험담 그리고 따돌림
(feat. 불가근불가원_不可近不可遠)

한 지역에서 오래 거주하다 보면 어린 시절부터 함께 보아 온 자녀들 간의 친분으로 인해 자연스럽게 부모들끼리 교류하며 지내는 경우가 의외로 많습니다.

저의 와이프는 기본적으로 아들, 딸의 친구 엄마들과 크게 교류하지는 않습니다.

서로 알고 지낸 지가 십여 년이 지났지만 나이와 상관없이 여전히 존댓말을 사용하고, 가끔 마주칠 때 밝게 인사 정도는 할지언정 함께 어울려 다니거나 속 깊은 이야기는 하지 않습니다.

와이프는 성격상 엄마들끼리 몰려다니고, 친하게 지내는 것에 대해서 별 관심이 없는 것 같습니다.

옛말에 불가근불가원(不可近不可遠)이라는 말이 있습니다. 인간

관계에서 '너무 멀지도 않게, 너무 가깝지도 않게'라는 의미이며, 현대 사회에서 충분히 되새겨 봐야 될 고사 성어라고 생각합니다.

저는 학교폭력 상담을 하면서 엄마들에게 지속적으로 불가근불가 원 원칙에 대해서 이야기를 합니다.

주변의 엄마들과 함께 어울리다 보면 생각지도 않은 구설에 휩싸이는 경우도 많고, 그로 인해 가족 모두가 정신적인 피해를 입었던 사례가 많이 있었기 때문에 강조하지만, 대부분의 엄마들은 저의 이러한 이야기에 크게 귀 기울이지 않는 것 같아 안타까울 뿐입니다.

그래서 이와 관련된 학교폭력 상담을 하면서 있었던 몇 가지 사례를 공유합니다.

〈사례 1〉 A 가족과 B 가족은 같은 아파트 단지에서 가족 이상으로 친분을 유지하고 있었습니다.

각각의 자녀들이 유치원 때부터 절친이었기 때문에 자연스럽게 엄마들끼리 언니 동생하며 가까워지고, 남편들까지 캠핑도 함께 가면서 친하게 지냈습니다.

그런데 자녀들이 어느 날 학교폭력에 연루되었습니다.

한 명의 자녀는 피해 학생으로, 또 다른 한 명의 자녀는 가해 학생으로 말입니다.

일반적인 상식으로 부모들끼리 친분 관계가 있다면 서로 사과하고 화해하는 것으로 끝나야 하는 것이 당연할 텐데, 두 가족은 학교폭력으로 원수지간이 되어 버렸습니다.

서로 사과하면 끝날 일들이 부모들의 자존심과 감정싸움으로 확대되어 각종 소송전으로 진흙탕 싸움이 되어 버렸고, 급기야 가해 학생의 엄마는 피해 학생의 엄마에 대한 헛소문을 퍼뜨리고, 피해 학생 엄마는 엄마들 사이에서 따돌림을 당하고 있었습니다.

피해 학생의 엄마에게 '아니 어떻게 그런 사람과 그동안 어울렸냐'고 되물으니, 자신은 그 사람들이 그럴 줄은 정말 몰랐다며 후회와 탄식을 합니다.

결국 피해 학생의 엄마는 학폭위가 끝난 후 이사를 했습니다. 한때는 가족 같은 사이라 생각한 그들의 관계가 이제는 모르는 사람보다 못한 원수가 되어 큰 상처만 남았습니다.

〈사례 2〉 A, B, C, D, E 자녀의 엄마들이 있습니다.

어려서부터 자녀들이 함께 유치원을 다녔고, 한 동네에 살다 보니 5명의 엄마들은 자연스럽게 친해졌습니다.

자녀들이 등교한 후에는 카페에 모여 커피도 마시고, 자녀들과 물놀이도 가면서 함께 하는 시간들이 많아졌습니다.

엄마들이 비슷한 연령대이다 보니 서로 간의 호칭도 자연스러워졌습니다.

그런데 A 자녀가 B 자녀에게 지속적인 괴롭힘을 당했습니다. 이 사실을 알게 된 A 자녀의 엄마는 B 자녀 엄마에게 괴롭힘의 사안을 이야기하고 괴롭힘을 멈춰 달라고 정중하게 부탁을 하였지만, A 자녀에 대한 B 자녀의 괴롭힘은 점점 더 심해졌습니다.

결국 A 자녀의 엄마는 지속적인 괴롭힘에 대한 학교폭력을 신고하게 됩니다.

이때부터 놀라운 일이 발생됩니다. C, D, E 자녀의 엄마들이 A 자녀의 엄마에게 지속적으로 전화를 해서 학교폭력 신고를 철회하라는 회유와 협박이 시작되었고, B 자녀의 엄마는 노골적으로 A 자녀 엄마를 험담하고, 본격적으로 A 자녀 엄마를 집단으로 따돌리기 시작합니다.

이 사례도 마찬가지로 한때는 서로 간의 고민을 이야기하며 공감해 줬던 친구 같은 존재들이 자녀들의 학교폭력으로 인하여 원수 같은 관계가 되어 버렸습니다.

〈사례 3〉 초등학생인 딸이 학교폭력을 당했습니다. 딸의 엄마는 해당 학교폭력 사안이 심각하지 않다고 판단하여 학교전담기구에서 조용히 처리하였고, 그 후 딸은 평상시와 같이 학교를 잘 다닌다고 생각했습니다.

그러던 중, 평소에 안면이 있었던 딸의 친구 엄마와 대화 중에 딸을 괴롭혔던 가해 여학생에 대한 이야기가 나왔습니다. 피해 학생 엄마는 그 가해 학생에 대하여 긍정도 부정도 아닌 평가를 하였고, 그렇게 대화는 끝났습니다.

그런데 얼마 후 피해 학생의 엄마가 딸을 괴롭혔던 가해 학생을 험담한다는 소문이 나돌기 시작하였고, 급기야 딸을 괴롭혔던 가해 학생의 엄마는 피해 학생의 엄마를 불러내 고성을 지르며 입에 담지 못할 욕설을 하고 말았습니다.

피해 학생 엄마 본인은 가해 학생에 대해서 험담을 한 적이 없음에도 자신이 마치 험담을 한 것처럼 소문이 났다는 사실과 나이도 한참 어린 가해 학생 엄마에게 막말을 들었다는 것에 충격을 받아 식음을 전폐합니다.

아마도 이 사안은 최초 이야기를 나누었던 딸의 친구 엄마가 이간질했을 가능성이 높습니다.

도대체 그 엄마는 왜 이러한 이간질을 했을까요?

가해 학생의 엄마와 더 친분이 있었을 것이고, 엄마들 사이에서 피해 학생 엄마에 대한 험담을 지속적으로 하지 않았을까 생각해 봅니다.

주변의 엄마들과 불가근불가원(不可近不可遠)관계를 유지하세요. 지금이야 필요한 정보들을 공유하고 친구 이상의 관계로 오래도록 지속될 것이라고 생각하겠지만, 서로의 이익에 반한다면 언제든지 돌아설 수 있는 관계가 될 수 있습니다. 더욱이 자녀들이 학교폭력에 연루된다면 앞서 말씀 드린 사례와 같이 철천지원수 관계가 될 수도 있습니다.

인간관계를 가장 현실적으로 정의한다면 Give & Take라고 생각합니다. 그러한 비즈니스 관계를 마치 진정성이 담긴 것이라고 오해하지 마시기 바랍니다.

어느 조직이든 상대방을 배려하지 않고 자신의 감정을 그대로 표현하는 사람, 험담하기 좋아하는 사람, 이간질하는 걸 좋아하는 사람들이 있기 마련입니다.

그들을 처음부터 선별할 수 없다면 애초에 그 무리들과의 접촉을 최소화하는 것이 현명한 방법일 수도 있습니다.

오랜 시간 동안 마음을 나누고 지속할 관계가 아니라면 굳이 인연을 새로 만들 이유는 없습니다.

새롭게 만드는 인연이 때로는 부담이 될 수 있기 때문입니다.

불가근불가원(不可近不可遠)

17:

학교를 믿은 대가
(feat. 불길한 징조)

"어머님, 학교폭력 가해 학생 선도 조치 결과는 어떻게 나왔나요?"

"서면 사과가 나왔습니다."

"서면 사과요? 아니 5명의 학생들에게 집단으로 폭행을 당했고, 전 치 2주의 진단을 받았는데 서면 사과가 나왔다고요? 학교폭력대책심 의위원회(이하, '학폭위')에서 그렇게 결과가 나왔습니까?"

"아니오, 작년에 발생된 그 사안은 학폭위가 아닌 학교전담기구에 서 진행을 했습니다."

"왜요? 이 사안은 학폭위를 개최해서 처리되었어야 할 사안인데요?"

"그 당시 학교에서 재발 방지 대책을 충분히 하겠다고 약속을 해서, 그냥 학교전담기구에서 진행을 한 것입니다."

"아, 이 사안은 첫 단추를 잘못 끼웠습니다."

"그래서 후회하고 있습니다. 소장님."

"그러면 학교에서는 약속한 것과 같이 재발 방지에 노력을 기울였나요?"

"아니오. 작년에 아들을 폭행한 가해 학생들의 대부분이 올해 같은 반이 되면서부터 또다시 학교폭력이 시작이 되었습니다."

"2차 가해는 어떤 것들이었나요?"

"5명의 아이들을 포함해서 여러 명의 아이들이 아들을 상대로 스파링을 한다면서 폭행하고, 밧줄로 묶어서 바지를 벗기고 성추행을 했습니다."

"언제부터 그런 일들이 일어났나요?"

"올해 5월부터 시작이 되었다고 합니다. 저도 모르고 있다가 어느날 아이가 옷을 벗었는데 온몸에 멍 자국이 있어서 그제야 알게 되었습니다."

"아들이 지속적으로 폭행을 당하면서도 그동안 부모에게 이야기하지 않은 이유는 작년에 학교폭력이 일어났을 때 부모님이 처리했던 과정을 보고 실망감이 매우 컸을 것이고, 설사 이야기를 한다 하더라도 부모가 자신을 보호해 주지 못할 것이라는 생각 때문이었을 겁니다."

"그러지 않아도 며칠 전에 아들이 작년에 왜 학폭위를 진행하지 않았냐고 이야기하면서 한참을 울었습니다."

"큰일입니다. 혹시 변호사는 선임하셨나요?"

"네. 800만 원의 비용을 들여서 변호사를 선임하였습니다."

"변호사가 진행 과정에서 여러 조언을 하지 않던가요?"

"그런데 변호사가 학교폭력 처리 과정을 잘 모릅니다. 형사 전문 변호사라 그런지 오히려 저에게 물어보기도 하고, 제가 이것저것 준비하고는 있는데 담당변호사가 그렇게 적극적이지는 않습니다. 더욱이 변호사는 학폭위 결과가 중요하지 않다고 이야기하네요."

"물론 학폭위와 형사고소는 구분되어 있지만 학폭위의 결과도 일정 부분 영향을 끼칩니다."

"학폭위 개최 날짜가 언제인가요?"

"이번 주입니다."

"아, 시간이 없습니다. 제가 도와드리기에는 시간이 너무 촉박합니다."

"제가 진작 소장님을 알았더라면 좋았을 텐데, 이제 어떻게 해야 할까요? 소장님."

"일단 학폭위 참석 안내문이 등기로 오면 저에게 알려 주세요. 그리고 지금까지 폭행의 과정들을 자세하게 정리해 둘 필요가 있습니다. 현재 가해 학생이 총 몇 명인가요?"

"16명입니다. 소장님 혹시 목격 학생의 진술을 받으려고 하는데 가능할까요?"

"아이들이 목격 진술을 해 주지 않을 겁니다. 그리고 이미 시간이 너무 많이 흘렀어요. 목격 학생의 진술은 최초 사실조사를 할 때 받았어야 합니다. 지금은 늦었습니다. 그나저나 아들이 걱정입니다."

"네, 등교하는 것을 너무 힘들어합니다."

"억지로 학교에 보내시면 안 됩니다. 지금은 학교보다 아들의 심리

적 안정이 가장 중요합니다. 일단 학폭위 참석 안내문이 오면 저에게
보내주세요. 제가 힘닿는 데까지 도와 드리겠습니다."

학교의 행정 편의주의가 또다시 피해 학생에게 돌이킬 수 없는 상
처를 주었습니다.

물론 학교폭력 사안에 따라서 학교전담기구 또는 학폭위 개최 요구
를 할 수 있습니다.

그러나 이 사안은 최초 폭력의 유형이 심각했던 사안입니다.

직·간접적인 증거가 확실한 상황이었고, 다수에 의해서 폭행이 일
어난 학교폭력 사건임에도 불구하고 학교는 자신들의 행정 편의주의
로 피해 학생의 부모에게 재발 방지를 약속하며 서면 사과로 끝내 버
렸습니다.

게다가 학교는 피해 학생을 보호하지도 관심을 두지도 않았습니다.

학기 초 반 편성을 할 때 가해 학생들 대부분이 피해 학생과 같은 반
으로 배정이 되었고, 올해 또다시 2차 가해가 일어나자 피해 학생 스
스로 몇 번이나 담임교사에게 찾아가 울면서 도움을 요청했습니다.

그러나 담임교사는 피해 학생에게 그저 참으라는 말로 학교폭력을
방관했습니다.

결국에는 작년에 발생된 학교폭력 사안을 무마함으로써 피해 학생
은 더 악랄한 2차 가해를 받았고, 가해 학생의 범위도 더 확대되었습
니다.

지난 몇 개월 동안 피해 학생에게 학교라는 공간은 지옥이었을 겁니다. 어디서부터, 어떻게 조언을 드려야 할지 모르겠습니다. 게다가 제가 적극적으로 도와 드리기에는 시간적인 여유가 없습니다.

피해 학생의 어머님과 통화를 끊고 나서 내심 걱정과 울분이 교차했습니다. 더욱이 상황 자체도 비관적입니다.

제가 다소 불길하게 느껴지는 것은 가해 학생이 총 16명이라는 사실과 변호사를 선임하였지만 피해 학생 측은 지금까지 아무런 준비를 하지 못했다는 것 그리고 피해 학생도 쌍방 학교폭력으로 신고가 되었다는 점입니다.

그래서 더 걱정입니다. 피해 학생 측에서 어떤 소명 자료로 대응할지는 잘 모르겠습니다. 혹시나 학폭위에서 우리는 피해 학생이라고 감정적으로 울부짖으며 피해 주장만 하다 나올 경우 어쩌면 학폭위 심의 결과가 예상과는 다르게 나올 수도 있습니다.

16명에 달하는 가해 학생들 대부분은 증거 불충분으로 '조치 없음'으로 나올 가능성이 높습니다.

아무리 피해 학생 측에서 정신적, 신체적 피해를 강조하여도 가해 학생들과의 명확한 인과관계가 부족하다면 증거 불충분으로 나올 것입니다.

더욱이 그 아이들 모두가 진술을 거짓으로 훼손한다면 오히려 피해 학생이 가해 학생으로 선도 조치 될 수도 있습니다. 거기다가 대부분의 가해 학생들이 조치 없음으로 선도 조치가 나온다면 피해 학생은 또다시 그 가해 학생들에게 3차 가해를 받을 가능성이 높습니다.

그럴 경우 피해 학생의 안위를 보장할 수 없습니다.

더욱이 800만 원의 비용을 들여 변호사를 선임하였음에도 학폭위 결과가 만족스럽지 못하다면 피해 학생 측은 이중으로 고통을 당할 수도 있습니다.

가뜩이나 작년에 발생된 학교폭력 처리 과정에서의 잘못된 선택으로 괴로워하는 부모들에게 또 다른 상처가 될 수도 있다는 말입니다. 그로 인한 자괴감과 상실감은 아마도 말로 표현하기 힘들 것입니다.

무엇보다 피해 학생이 걱정됩니다. 어쩌면 학교를 다니지 못할 정도의 트라우마에 시달릴 수 있으며, 더 크게 확대된다면 극단적인 시도까지 할 수 있습니다.

더욱이 이러한 트라우마를 극복하지 못한다면 정상적인 사회생활을 하기 어려울 수도 있으며, 가해 학생들에 대한 분노가 부모에게 확대되어 더 큰 갈등을 초래할 수 있습니다.

이 사례만 보더라도 학교폭력에서 피해 부모들의 초동 대응이 얼마나 중요한 것인지 알 수 있습니다.

학교폭력은 무작정 감정적으로 대응하는 것이 최선의 해결책이 될 수 없습니다.

그렇다고 사안을 쉽게 간과하여 무마하는 것도 해결책이 아닙니다.

가장 중요한 것은 발생된 학교폭력 사안의 심각성을 보아야 합니다.

부디 학교폭력의 유형을 보고 부모들이 신중하게 판단하시기 바랍니다.

당부의 이야기

"학교폭력으로 딸은 극단적인 시도까지 했었습니다. 우리 가족 모두는 숨을 쉴 수 없을 정도로 하루하루가 정말 고통스러웠습니다. 그러나 우연히 알게 된 소장님과의 지속적인 상담은 우리 가족을 평안하게 해 주었고, 더욱이 딸은 이번에 원하는 대학교에 입학했습니다. 소장님이 우리 가족을 살려 주셨습니다."

(경기, 고등학교 3학년 여학생의 어머님)

1 ❖

학교폭력 피해 자녀가 장남(장녀)일 경우

학교폭력 상담을 할 때 가장 먼저 물어보는 것은 자녀의 연령대와 학교폭력의 유형입니다. 자녀의 연령대와 폭력의 유형에 따라서 각기 다른 방식으로 대응해야 하기 때문입니다.

그 다음은 피해 자녀의 형제 관계를 물어봅니다.

피해 자녀가 장남(또는 장녀)인지 또는 외동인지, 막내인지 말입니다.

이 질문을 하는 이유는 사실 학교폭력 대응보다는 피해 자녀의 성향을 예측하고, 학교폭력 피해에 대한 상처와 트라우마를 극복할 수 있는 방법들을 공유하기 위함입니다.

저는 '가족심리상담사', '부모교육지도사', '아동폭력상담사'라는 민간 자격증만 가지고 있을 뿐 정신과 의사도 심리상담 전문가도 아닙니다. 그렇기에 전문가의 식견으로 말씀드리는 것이 아닙니다.

400여 건이 넘는 학교폭력 상담을 하면서 피해 자녀의 형제 관계에 따라 동일한 패턴이 있다는 것을 알게 되었고, 그 사안을 함께 공유하기 위함이오니 제 의견을 너무 맹신하지는 마시고 참고하시기 바랍니다.

피해 자녀가 장남(장녀)인 경우에는 몇 가지 공통된 사안들이 있습니다. 학교폭력의 피해를 받고 있었음에도 불구하고, 오랜 기간 혼자서 견뎌 내고 있었다는 사실입니다.

자녀가 커 갈수록 더욱 그렇습니다. 사실 초등학생일 경우에는 크게 드러나지 않지만 중학생, 고등학생일 경우에는 그러한 특징들이 나타납니다.

일단 학교폭력이 발생이 되면 첫째 아이들은(장남, 장녀) 자신의 피해 상황에 대한 걱정보다 앞으로 벌어질 일들에 대해서 걱정을 합니다.

혹시나 자신의 학교폭력 피해로 인하여 우리 부모님과 가족들이 더 힘들어지지 않을까 하는 생각을 많이 하게 됩니다. 그래서 장남, 장녀인 자녀들이 오랜 기간 동안 학교폭력의 피해를 혼자서 견뎌 내는 것 같습니다.

또한 본인이 스스로 해결하려고 합니다. 자신이 감당할 몫이라 생각하고 부모에게 이야기해서 도움을 요청하기보다 혼자 묵묵히 어려움을 감수하며 스스로 해결을 하려고 합니다.

그러나 그것은 해결이 아닌 스스로를 더 지옥으로 몰아넣는 것과 같습니다.

모든 것들이 자신의 잘못이라고 오히려 자책하는 경우도 있습니다. 가해 학생의 명백한 잘못임에도 불구하고 학교폭력의 원인을 자신에게 돌리는 경우들도 있습니다.

실제로 자책감이 심해지는 경우 자살 징후를 보이기도 합니다.

장남, 장녀인 자녀들은 겉으로는 아무렇지 않은 척 행동합니다. 피해 부모에게 학교폭력의 내용을 들으면 피해를 입은 자녀에 학교폭력의 상처가 깊을 것이라고 판단됨에도 오히려 아무렇지 않은 듯 행동하며 부모를 안심시키려고 합니다.

그러나 그것은 깊은 내상을 입은 자녀의 왜곡된 표현일 수도 있습니다. 자녀가 괜찮다고 해도 다시 한번 자녀의 심리 상태를 점검하셔야 합니다.

보이는 것만이 모두 진실이 아니기 때문입니다. 그래서 이 시기에는 절대로 부부 간에 갈등을 표출하거나 싸움을 하면 안 된다고 얘기하는 겁니다.

그 모습을 보며 자녀는 더 깊은 자괴감에 빠질 것이고, 자신 때문에 부모가 힘들어한다는 사실을 알게 되면 극단적인 상황으로 내몰릴 수도 있습니다.

실제 상담을 하다 보면 장남(장녀)들이 그러한 징후를 보이는 경우가 많습니다.

먼저 태어났을 뿐 모두가 같은 자녀입니다. 무의식적으로라도 부모가 장남(장녀)에 대한 책임감에 대해 이야기하지 않았으면 좋겠습니다. 장남(장녀)에 대한 책임감은 그 옛날 먹고 살기 바쁘고, 못 살던 시절에나 했었던 이야기입니다.

여러분들이 아무렇지 않게 하는 말들이 자녀에게는 무언의 부담감으로 다가갑니다.

상처는 분명 극복됩니다. 그러나 그 상처를 어떻게 극복하느냐가 더 중요합니다.

그 방법은 부모가 체득하여 실행해야 합니다. 자녀들의 성향을 면밀히 파악해야 하고, 그 성향에 따라 상처를 극복하는 방법들도 모두 다르다는 것을 인지하시기 바랍니다.

가끔 어느 부모들은 자신의 자녀가 '의젓하다' '어른스럽다' '철이 들었다'라고 이야기하며 자랑하는 사람들이 있습니다.

그런데 말입니다.

나이에 걸맞지 않게 자녀들이 의젓하고, 어른스럽고, 철이 든 행동을 한다면 자녀는 어쩌면 그 짧은 시간 동안 내면적으로 삶의 풍파를 경험하였는지도 모릅니다.

아이는 아이다워야 합니다.

2:

학교폭력 피해 자녀가 외동일 경우

외동인 자녀도 학교폭력의 피해를 입을 경우, 앞서 말씀 드린 장남(장녀)의 자녀처럼 학교폭력의 피해를 오랜 시간 동안 묵묵히 견디는 경우들이 있습니다.

그러나 혼자 오롯이 감당하며 참는 이유는 앞서 말씀드린 장남(장녀)들과는 다소 차이가 있습니다.

외동인 자녀들이 학교폭력을 견디는 이유는 학교폭력에 대한 피해 신고로 인하여 그동안 함께 지내던 무리에서의 이탈을 두려워하는 경우들이 있습니다.

즉 학교폭력에 대한 신체적, 정신적 피해보다 친구들의 무리에서 이탈하는 공포를 더 많이 느낀다는 의미입니다.

피해 사실에 대해 부모가 뒤늦게 알아차리고 학폭위 절차를 진행하더라도 간혹 피해 자녀가 학교폭력 신고 자체를 반대하는 경우도 있습니다.

자신의 학교폭력 피해가 상당함에도 말입니다.

그렇게 되면 피해 부모의 입장에서는 굉장히 난감해집니다.

장남(장녀)의 자녀들이 자신의 책임감과 부모에 대한 걱정으로 묵묵히 참는 편이라면, 외동의 자녀들은 친구라는 무리에서 이탈되는 것이 두려워 묵묵히 견뎌 냅니다.

그래서 외동 자녀일수록 '친구'에 대한 의미를 다시금 심어 줄 필요가 있습니다.

자녀가 친구들의 '무리'에서 이탈이 되어도 공포심이 없도록 해야 합니다.

또한 부모들이 자녀에게 친구를 많이 사귀라고 혹은 자녀에게 친구가 중요하다고 강조하지 않기를 권유합니다.

한번 생각해 보십시오. 우리가 이제껏 살아오면서 친구라는 존재가 우리 인생에서 얼마나 많은 도움이 되었을까요?

물론 어린 시절의 추억을 함께 쌓아 갈 마음 맞는 친구가 있다면 정말 좋겠지요. 하지만 친구가 없더라도 인생을 즐겁게 살 수 있습니다. 친구가 없어도 걱정할 필요가 없습니다.

나와 성향이 맞는 사람을 아직 만나지 못했을 뿐 대학을 가서도 사회생활을 하면서도 언제든지 마음에 맞는 친구를 만날 수 있습니다.

오히려 자신의 성향과 맞지 않음에도 불구하고, 친구라는 이유만으로 억지로 친구에게 성향을 맞춰 주다 보면 자녀는 나중에 더 큰 상처를 받을 수도 있습니다.

실제 상담을 하다 보면 친구에 대한 의존도가 높은 자녀일수록 나중에는 학교폭력 가해 학생이 되는 경우도 있습니다. 이는 무리에서 이탈 당하지 않으려는 스스로의 방어 본능에서 나타나는 것입니다.

자녀들에게 끊임없이 알려주세요.

친구가 인생에서 크게 중요하지 않다는 사실과 나와 성향이 맞지 않으면 나를 희생하면서까지 굳이 만날 필요가 없다는 사실을 말입니다. 성장기 자녀들에게 가장 좋은 친구는 부모이어야 합니다.

3 ✦

초등 자녀를 둔 부모들에게

초등 자녀를 키우는 부모들의 대부분은 아직 자녀들의 나이가 어리기 때문에 학교폭력의 심각성을 잘 인식하지 못하는 경우들이 있습니다.

상담을 하다 보면 자녀들이 성장해 나가는 과정이라고 가볍게 생각하는 분들이 있는 반면 폭력의 피해가 발생했음에도 불구하고, 피해 자녀의 의사와는 상관없이 부모들이 먼저 상황을 마무리하는 경우들도 있습니다.

물론 모든 학교폭력의 사안을 심각하게 인식하라는 의미는 아닙니다. 무엇보다 학교폭력의 유형이 어떤 것인지 면밀히 살펴 판단하셔야 합니다.

초등학교에서 흉기를 이용한 학교폭력이 발생하기도 했습니다. 초등학교 저학년 학생이 교실에서 상대방 아이를 흉기로 위협하는 과정에서 가해한 경우입니다. 피해 학생은 그 상처로 인하여 수술까지 했습니다.

더 어처구니없는 것은 이러한 행위 자체를 가해 학생 부모는 장난이라 치부하고, 학교는 이 일을 은폐하려고 한 사실입니다. 초등학교 저학년이라 하더라도 이런 경우에는 학교폭력의 사안이 가볍지 않다는 것을 말씀드립니다.

아파트 공원에서 집단의 아이들이 가방에서 커터 칼을 꺼내어 피해 학생을 위협한 사례도 있습니다. 당연히 피해 학생의 입장에서는 엄청난 공포와 두려움에 떨었겠지요.

흉기로 위협을 당한 이 사안은 학폭위에서 피해 학생도 대응하는 과정 중 가해 학생에게 발길질을 했다는 이유만으로 쌍방폭행으로 결정되어 피해 학생도 가해 학생으로 선도조치 되는 황당한 결과가 나왔습니다.

단순히 우발적인 사건은 학교와 교사들의 중재로 진행하면 됩니다. 그러나 피해 학생의 학교폭력 피해가 크다면 학폭위 개최를 요구해야 되는 것이 맞습니다.

요즘에는 초등학생들도 가해 학생들이 집단화되어 학교폭력을 계획하는 경우들이 많습니다.

남학생, 여학생을 가리지 않습니다. 혼성집단으로 한 아이를 괴롭히고 따돌리는 경우들도 많습니다.

현재 초등학교 저학년들의 학교폭력 예방 교육이 형식적으로만 진행되는 것은 아닌지 의심스럽습니다.

매년 동일한 영상으로 형식적인 교육을 하고 있기 때문에 학교에서 진행되는 학교폭력에 대한 예방 교육은 효과가 미약할 수밖에 없습니다. 그래서 부모교육이 중요한 것입니다.

초등학교 고학년 자녀들에게 발생되는 학교폭력은 중학교까지 이어지기도 합니다.

이 경우는 여학생들에게 특히 많이 발생됩니다. 초등학교에서 집단 따돌림의 피해를 입은 자녀는 그러한 피해가 고스란히 중학교까지 이어져 결국에는 학교를 자퇴하거나, 전학을 가는 경우들도 있습니다.

학교폭력 상담에서 가장 어려운 것은 집단 따돌림입니다.

피해 학생의 진술 외에는 직·간접적인 증거가 없기 때문입니다.

· 초등 자녀를 둔 부모들에게 당부합니다

학교폭력 예방 교육은 부모가 해야 합니다. 물론 학교에서도 진행하

고 있습니다. 그러나 가장 중요한 교육의 주체는 부모이어야 합니다.

학교폭력의 본질은 자존감입니다. 자존감이 낮은 아이들이 가해 학생이 되는 경우가 있고, 자존감이 낮은 아이들이 피해 학생이 되면 상처 극복에 아주 오랜 시간이 걸릴 수 있습니다.

학교폭력 예방 교육의 핵심은 바로 자녀의 자존감 확립이라는 사실을 잊지 마시길 바랍니다.

그 누구보다 가정에서 부모가 해 주어야 합니다.

그리고 우리 자녀도 얼마든지 가해 학생이 될 수 있다는 사실을 명심하세요. 대부분의 부모들은 자신들의 자녀가 학교폭력의 피해 학생이 될까 봐 걱정할 뿐, 가해 학생이 될 것이라고는 생각하지 않습니다.

폭력과 장난의 경계선을 명확히 인지하시고 자녀들에게 교육해 주세요.

초등학교 저학년 자녀들에게는 지속적으로 알려 주서야 합니다. 대부분의 자녀들은 폭력과 장난의 경계선을 알지 못합니다. 폭력과 장난을 결정하는 주체는 가해 학생이 아닌 피해 학생이 하는 것입니다.

아무리 선의의 장난이라 하더라도 피해 학생의 입장에서 정신적, 신체적 피해를 입었다면 그 행위는 폭력이 맞습니다.

자녀들이 폭력과 장난의 경계선을 명확히 인지하도록 세심한 교육을 시켜 주세요.

또한 언어폭력도 폭력의 일부분이라고 교육해 주세요.

요즘 학생들의 대화는 대부분 욕으로 시작해서 욕으로 끝납니다.

지금은 시대가 많이 달라졌습니다. 무심코 내뱉은 말 한마디나 욕설이 상대방에게 폭력이 될 수도 있다는 사실을 부모가 지속적으로 자녀에게 알려 주셔야 합니다.

학교폭력에서 우리 자녀를 100% 보호할 수는 없습니다.

그러나 학교폭력의 피해는 최소화할 수 있습니다.

그래서 부모의 역할이 중요한 것입니다.

4:

중등 자녀를 둔 부모들에게

중학생들 사이에서 발생되는 학교폭력은 초등학생들에 비하여 유형은 다양해지고 지능적입니다.

초등학생들의 학교폭력이 단순히 우발적인 상황에서 발생된다면 중학생들의 학교폭력은 우발적인 폭력이기보다는 계획적인 면이 있습니다.

과거의 학교폭력은 소위 말하는 일진이라는 아이들의 전유물이었습니다. 그러나 현재 학교폭력의 가해 학생은 구분이 명확하지 않습니다. 학교에서는 모범생의 탈을 쓴 아이들이 지속적인 학교폭력의 가해 학생이 되는 경우도 있습니다.

거기다 요즘은 학교폭력의 가해 동기가 불명확합니다.

과거 학교폭력의 원인은 금품 갈취가 주된 목적이었으나, 현재의 학교폭력은 금품 갈취보다는 단순히 감정의 욕구 해소로 인식을 합니다.

특별한 이유 없이 자신들의 마음에 들지 않는다는 이유만으로 조직적으로 학교폭력이 행해지는 경우도 있습니다.

본격적으로 성 관련 학교폭력이 발생됩니다. 여학생들을 대상으로 성희롱, 성추행의 문제가 나오는 경우들이 있으며, 허위로 소문을 퍼뜨리는 경우도 있습니다.

성 관련 학교폭력은 특히 여학생들에게 치명적입니다.

그렇기 때문에 심각하게 인식하여야 하며 단호하게 대응해야 합니다.

가장 가까운 친구가 가해 학생이 되는 경우가 많습니다. 불과 며칠 전까지 절친이었던 친구가 갑자기 절교를 선언하고, 본격적으로 집단 따돌림을 하는 경우가 많습니다.

피해 학생의 입장에서는 아무 이유 없이 따돌림을 당하고 있다는 사실에 배신감과 절망감이 더 커질 수밖에 없습니다. 이 경우도 여학생들 사이에서 빈번하게 발생됩니다.

요즘에는 피해 학생을 직접 괴롭히지 않고 가해 학생이 다른 학생에게 폭력을 사주하는 경우들이 있습니다.

직접적으로 폭력을 행사하는 것이 아닌 피해 학생을 선택하여 여러 명이 모인 공개적인 자리에서 싸움을 하라고 부추깁니다.

싸움을 하지 않겠다고 의사를 밝혔음에도 불구하고 싸움을 하지 않으면 더 큰 화를 당할 수도 있다는 불안감에 어쩔 수 없이 상대방 아이와 주먹다짐을 하고 피해를 입는 경우입니다.

이 경우 학폭위 개최가 진행되면 다수의 인원들에게 공포감을 느꼈을 피해 학생의 입장을 생각하지 않고, 쌍방 폭력으로 선도 조치를 받아 이중으로 피해를 입습니다.

이러한 학교폭력의 유형은 남학생들에게 더 많이 발생됩니다. 가해 학생들은 우리가 생각하는 것보다 훨씬 더 지능적이고 교묘합니다.

촉법소년제라는 제도와 현재의 학교폭력 시스템의 맹점을 너무나 잘 알고 있습니다. 그러다 보니 자신이 가해 학생임에도 피해 학생으로 허위 신고를 하는 경우도 많습니다.

실제 피해 학생도 학폭위에서 선도 조치 받을 수 있도록 만들어 피해 학생과 그 가족들에게 다시 한번 상처를 주기도 합니다.

학교폭력 피해 학생들은 학교폭력의 후유증으로 등교하지 못하거나, 자퇴 또는 전학을 가는 등의 정상적인 학교생활을 하지 못하는 경우가 많이 있습니다.

이러한 과정에서 부모가 제대로 된 역할을 하지 못한다면 자녀의 상처는 더 깊어질 것이고, 최악의 경우 정상적인 사회생활을 하지 못할 수도 있습니다.

• 중등 자녀를 둔 부모들에게 당부합니다

자녀들의 변화가 사춘기 때문이라고 단정 짓지 않았으면 합니다. 어느 날 자녀가 말을 안 하고 짜증을 내는 등의 행동 변화가 느껴진다면, 단순히 사춘기라고 치부하지 마세요.

어쩌면 자녀는 학교폭력에 노출되어 자신의 불안감을 간접적으로 부모에게 표현하는 것일 수도 있습니다.

예전에 학교폭력 상담을 했던 한 피해 학생의 아버지는 자녀의 이러한 행동 변화를 감지하였으나, 단순히 사춘기로만 치부했다가 나중에 알고 보니 자녀가 오랜 시간 동안 학교폭력에 노출되어 있었다는 것을 알게 되었습니다.

자녀들의 급작스러운 행동의 변화는 단순히 사춘기가 아니라 학교폭력 피해에 대한 간접적인 표현일 수도 있습니다.

그리고 자녀들의 SNS 활동을 점검하세요. 요즘 대부분의 학교폭력은 SNS에서 시작됩니다.

자녀들의 SNS 사용을 금지할 수 없다면 올바르게 사용할 수 있도록 교육을 해야 하고, 부모가 지속적으로 관심을 가지고 점검해야 합니다.

자녀가 현재 SNS 활동을 활발하게 하고 있다면 학교폭력에 더 많이 노출될 수 있다는 사실을 잊지 마시기 바랍니다.

자존감 교육은 생활화해야 합니다. 자존감은 우리 자녀들이 삶을 살아가는 데 가장 중요한 마음가짐입니다.

자존감의 핵심은 인생의 주체가 오로지 자신의 판단과 선택으로 이루어진다는 것을 자녀들이 인식하면서부터 시작됩니다. 자녀가 스스로 주체적인 삶을 살아갈 수 있도록 부모들이 더 많은 노력을 기울여야 합니다.

학교폭력 상담을 하다 보면 피해 부모들은 공통적으로 자녀들과의 유대관계가 좋고, 대화도 많이 한다고 이야기합니다. 그런데 실제 질문을 좀 더 세밀하게 해 보면 그렇지 않은 경우도 많습니다.

자녀와 대화의 질이 바뀌어야 합니다.

부모는 자녀에게 어떤 관심사가 있는지를 알고 있어야 합니다. 부모 마음대로 자녀를 설득하려고 하지 마세요.

자녀의 이야기에 먼저 공감을 해 주세요.

자녀들은 설득보다 공감을 원합니다.

5:

고등 자녀를 둔 부모들에게

　고등학생들 사이에서 벌어지는 학교폭력은 초·중학생들보다 상대적으로 비중이 높지는 않습니다.

　일단 학생들이 촉법 소년에 해당되지 않으며 잘못했다가는 학교폭력으로 인한 법률적 책임을 질 수 있는 부담감 때문인지는 모르겠으나, 상대적으로 초·중학생들에 비하여 학교폭력 상담 건수는 높지 않았습니다.

　그렇다고 안심해서는 안 됩니다. 고등학생들의 학교폭력은 강력 범죄로 확대될 수 있으며, 피해 학생에게는 씻을 수 없는 상처를 줄 수 있기 때문입니다.

　과도한 학업의 스트레스가 학교폭력의 가해 학생으로 만들 수도 있습니다. 대부분의 부모들은 학교폭력이 성장 및 가정환경과 연관되어 있다고 생각하지만 실제 올해 학교폭력 상담을 해 본 결과 의외로 특목고 또는 사교육이 강한 지역의 고등학교에서 학교폭력이 많이 발생하였습니다.

겉으로는 공부도 잘하고 모범생의 모습을 하고 있지만, 자신이 현재 겪고 있는 학업의 스트레스를 학교폭력을 통해 욕구를 해소하는 가해 학생들도 있습니다.

또한 학교폭력의 상처와 원망이 부모에게 집중되기도 합니다. 학교폭력이 발생되었을 때 부모가 적절하게 대응하지 못하면 추후에 부모를 원망하는 경우들이 있습니다.

피해 학생의 원망하는 마음이 오랜 시간 축적되어져 있다가 그러한 원망이 폭발하는 순간, 순식간에 부모와의 관계가 악화되는 경우들이 있습니다.

얼마 전 32살 청년과 학교폭력 상담을 한 적이 있습니다.

학창 시절부터 괴롭힘을 당한 그 청년은 학교를 졸업하고 오랜 시간이 지난 후에도 정상적인 사회생활을 하지 못한 채 32살이 된 지금도 심한 우울증으로 자해를 시도하고 있었습니다.

청년과 상담을 하고 난 후, 다음날 청년의 부탁으로 어머니와도 상담을 진행했었습니다.

어머니는 현재까지도 아들이 학교폭력을 당했을 때 적절히 대응하지 못한 죄로 평생을 아들에게 속죄하며 살고 있지만, 이제는 더 이상

살고 싶은 마음도 없다며 저에게 하소연을 하셨습니다.

아들은 학교폭력의 트라우마를 극복하지 못한 채 자신을 지켜주지 못한 부모를 원망하고, 부모는 아들을 학교폭력에서 지켜주지 못한 자괴감으로 힘들어하는 일상들이 계속해서 반복되고 있었습니다.

학교폭력의 상처로 인해 결국에는 아들과 부모 모두 지옥 같은 삶을 살아가고 있는 것입니다.

요즘은 여학생들의 학교폭력이 더 무섭습니다. 여학생들의 집단 따돌림은 피해 학생의 영혼을 메마르게 합니다.

자신의 미래에 대해서 희망을 가지고 한창 학업에 집중해야 될 시기에, 집단 따돌림을 당한 여학생이 깊은 우울감에 빠져 극단적인 생각을 하는 경우도 있었습니다. 이러한 집단 따돌림은 학교폭력으로 인정되기도 어렵습니다.

피해를 입증할 만한 증거가 없기 때문에 피해 학생만 힘들어하고 가해 학생은 버젓이 대학에 입학하는 현실, 가해 학생이 아무런 제재도 받지 않는 작금의 현실에 피해 학생들의 자괴감과 상실감만 더 커질 뿐입니다.

학교폭력의 상처는 피해 학생을 가해 학생으로 만들기도 합니다. 오랜 시간동안 비아냥과 따돌림을 받고 참아 온 남학생이 결국에는 울분과 분노를 제어하지 못하고, 가해 학생을 폭행한 사건도 있었습니다.

그러한 폭행은 전치 4주 이상의 중상으로 확대되었으며, 어쩔 수 없이 법률적 책임을 지기도 합니다.

이는 자녀의 피해 사실을 모르고 대수롭지 않게 여긴 부모의 책임도 있습니다.

고등학교에서의 학교폭력은 자녀의 인생을 좌우합니다. 고등학교를 졸업하고 방에서 나오지 않는 자녀들도 있고, 가해 학생들에 대한 분노와 울분으로 복수를 꿈꾸는 자녀들도 있었습니다.

앞서 말씀드린 32살의 청년처럼 상처로 얼룩진 삶으로 인해 자녀의 인생이 바뀔 수도 있습니다.

• 고등 자녀를 둔 부모들에게 당부합니다

부모의 욕심으로 자녀의 상처를 외면하지 마세요. 자녀가 공부를 잘할수록, 특목고에 다닐수록 의외로 부모들은 자녀의 학교폭력 사실을 인지하고 난 후에도 미온적으로 대처하시는 분들이 있습니다.

'1년만 잘 참으면 좋은 대학을 갈 수 있는데, 한 학기만 잘 참으면 해외에 유명한 대학을 갈 수 있는데'라는 생각으로 자녀의 상처보다 자녀의 대학에 더 많은 관심을 갖습니다. 물론 부모의 입장에서 이해할 수는 있습니다.

그러나 공부는 언제든지 다시 할 수 있습니다. 하지만 지금 학교폭력의 상처를 치유하지 못한다면 상처 치유의 시간이 더 오래 걸릴 수도 있습니다.

자녀들에게 필요한 것은 좋은 대학이 아닌 학교폭력으로 인한 마음의 상처를 치유하는 것이 선행되어야 함을 잊지 마시기 바랍니다.

학교폭력이 발생되면 적극적으로 대처하시기 바랍니다.

부모의 대응 방식이 미흡하게 된다면 추후에 학교폭력의 상처를 가진 자녀가 부모를 원망을 할 수 있습니다.

처음에는 가해 학생들에 대한 분노인 듯 보이지만, 분노의 본질이 자신을 제대로 지켜주지 못한 부모에게 향할 수도 있다는 이야기입니다.

학교폭력이 발생되었을 때 부모가 적극적으로 대처하지 못한다면 자녀와의 유대관계는 깨질 것이고, 앞서 말씀드린 상담 사례처럼 가족 모두가 지옥 같은 시간을 보낼 수도 있습니다.

고등학교에서의 학교폭력은 범죄로 인식되어야 합니다.

여학생들에게는 더 큰 관심이 필요합니다.

집단 따돌림으로 괴로워하는 자녀들을 너무 많이 봤습니다.

제가 학교폭력 상담을 하면서 가장 어려운 상담이 바로 집단 따돌림이고, 상처를 극복하기 가장 어려운 학교폭력의 유형도 집단 따돌림입니다.

계속적으로 강조하지만 자녀가 위기를 이겨 낼 수 있는 내력이 쌓일 수 있도록 지속적으로 부모들의 교육이 필요합니다.

자녀들이 학업에 집중할 수 있도록, 나 아닌 다른 사람에게 휘둘리지 않도록, 지속적인 대화로 마음의 근육을 만들어 주세요.

백 번을 이야기하고 아무리 강조해도 대부분의 부모들은 학교폭력이라는 사회적 문제에 대해 심각하게 생각하면서도 직접 경험해 보지 않았기 때문에 와닿지 않을 것입니다.

지금 현재 나와는 상관없는 일이라고 생각하기 때문입니다.

저와 상담했던 대부분의 부모들도 그러했습니다.

그러다가 학교폭력을 막상 경험하게 되면 부모를 비롯한 온 가족이 정신적으로 피폐해집니다.

여러분들께 단지 학교폭력의 대응 절차를 숙지하라는 이야기가 아닙니다.

제가 강조하는 것은 우리 자녀들에게 더 많은 관심으로 우리 자녀들의 눈높이에 맞추어 소통해야 한다는 것입니다.

부디 우리 자녀들이 민주 시민의 일원으로 강자에게는 강하고, 약자에게는 한없이 약한 사람으로 건강하게 성장하기를 기원합니다.

"너희들을 기록하고, 기억하고,
지켜볼 것이다."

차세대 여자 배구 국가대표로 각광 받던 자매 선수들은 학창 시절의 학교폭력 가해 사실이 밝혀지면서 국가대표 자격이 박탈되었고, 고등학교 졸업 당시 최고의 투수라 평가받던 학생은 프로야구 구단으로부터 1차 지명을 받았지만, 학교폭력 피해 학생의 폭로로 야구팬들의 여론이 악화되어 구단은 결국 지명을 철회했던 적도 있습니다.

많은 이들에게 주목받았던 한 배우는 과거의 학교폭력 가해 사실이 알려지면서 브라운관에서 종적도 없이 사라지기도 했습니다.

더 이상 학교폭력은 사춘기 시절의 장난으로 치부할 수 없습니다. 학교폭력의 상처를 극복하지 못한 학생들은 학업을 중단하거나, 극단적인 선택을 하는 경우도 많이 있기 때문입니다.

학교폭력이 심각한 사회적 문제로 확대되고 있음에도, 여전히 학교폭력 피해 가족들은 가해 학생들의 선도 조치가 너무 약하다고 한결

같이 이야기를 합니다.

학교폭력대책심의위원회에서 선도 조치를 받아도 가해 학생들에게 별다른 불이익이 없고, 오히려 아무런 죄책감도 없이 의기양양하게 학교생활을 하는 가해 학생들의 모습에서 피해 학생과 가족들은 좌절감과 자괴감을 느낍니다.

학교폭력 가해 학생들에 대한 법률적 처벌이 미약하다면, 저는 그들이 사회적인 처벌을 받아야 한다고 생각합니다.

어쩌면 앞서 말씀드린 자매 배구 선수, 연예인, 야구 선수들은 당시 학교폭력의 법률적 책임을 지지 않았기 때문에 법률적 처벌보다 더 가혹한 사회적 처벌을 받았다고 생각합니다.

가해 학생들의 처벌이 미약하다고 너무 억울해하지 마십시오. 법률적인 처벌보다 더 가혹한 것은 사회적 처벌입니다.

저도 저의 아들을 폭행한 4명의 가해 학생들에 대해서 똑똑히 기억하고 있으며, 앞으로도 지켜볼 생각입니다.

때로는 자신의 치부를 누군가가 알고 있다는 사실이 그들에게는 또 하나의 두려움이 될 수 있기 때문입니다.

그렇게 그들에게 사회적 처벌을 내리기 위하여 우리는 준비해야 합니다.

"너희들을 기록하고, 기억하고, 지켜볼 것이다."